河街道历史文化 风情

本册编著　丰国需　胡繁甫

主　编　胡繁甫

浙江大学出版社
ZHEJIANG UNIVERSITY PRESS

序　言

　　运河街道历史悠久，文化底蕴深厚。其历史可上溯至春秋时期，传说大禹治水曾经到过此地。古属吴越之地，充盈着越风吴韵。隋代大运河开通后，农桑兴旺。至宋端拱元年（988），临平山南置临平镇后，四处商贾云集，商贸兴盛。山北亭趾、博陆、五杭三集镇亦逐渐繁荣。至元末张士诚发军民开挖运河新河道后得以快速发展。因此，运河街道因世界文化遗产京杭大运河而生，又以运河为名，是运河这条母亲河孕育了这块土地灿烂的历史文化。

　　运河这块神奇的土地，人杰地灵，人文荟萃。南朝时，著名文学家、史学家沈约曾迁居博陆。而最为著名的历史人物当属明代博陆人钟化民和清代五杭人沈近思。钟化民被《明史》称为"不要官、不要命、不要钱"的清官，沈近思在《清史》中被誉为"操比寒潭洁，心同秋月明"的循吏，还有近代亭趾人姚虞琴，为著名书画家、鉴赏家。他们成为历史上运河人的荣耀。

　　中华人民共和国成立以后，境内设亭趾、博陆、五杭3乡。20世纪80年代中期，三乡又先后撤乡设镇。2001年8月，三镇合并设立运河镇。地方经济日益繁荣，社会发展日新月异。其间，先后被评为全国千强乡镇、浙江省农业农村现代化工作先进乡镇、浙江省教育强镇、浙江省体育强镇、浙江省东海文化明珠乡镇等。2011年8月，撤销运河镇设立运河街道。近年来，街道党工委以习近平新时代中国特色社会主义思想为指导，按照区委、区政府的决策部署，进一步完善基础设施、优化人居环境、提升服务功能、强化长效管理，全力打造"城乡融合发展示范地、运河特色文化展示区、杭城北部后花园"，高质量融入长三角一体化发展新格局。成功创建杭州市生态文明街道、浙江省卫生街道、浙江省"五水共治"工作先进集体、浙江省小城镇环境综合整治行动省级样板、浙江省美丽乡村示范街道和浙江省森林城镇，五杭集镇成功创建3A级旅游景区。

"盛世修志，志载盛世。"为了传承和彰显传统文化，便于社会各界全面了解运河街道，2019年，街道党工委和办事处决定在组织编写《运河街道志》的同时，编写《运河街道历史文化》。在编写人员的辛勤努力下，仅仅用了2年半时间，就完成了此书的写作。书共分四册，分别为《运河街道史话》《运河街道风情》《运河街道风俗》和《运河街道民间文学集成》。此书以历史事实为依据，采用大量的自然、政治、经济、人文等方面的史料，收集境内世代流转的民间传说、故事和歌谣，以散文、故事的形式创作而成。可以说此书是第一次对运河街道的人文历史、乡土风情、民间文学进行全方位、多视角的记叙，知识性、故事性、可读性强，不仅是一套史料翔实的地方文史资料，更是一本内容丰富的乡土教材。此书的出版，对推进街道的文化建设具有十分重要的意义，也为后人留下了一份宝贵的历史文化遗产，利在当代，功在千秋。

书得以顺利付梓，是编写人员严谨细致、勤勉工作的结果，在此，我要向他们表示衷心感谢。同时也希望此书能为广大读者所喜欢、所利用，更好地发挥其存世、育人、资政的作用。更希望运河街道的各界人士在阅读后，能更加深入地了解街道的历史与现状，热爱家乡，为家乡的改革开放、经济建设、社会发展，为运河街道在"东部崛起"中再谱新篇章，作出新的更大贡献。

是为序。

中共运河街道工委书记 陈杭

2022年7月18日

前　言

　　运河街道，前身是运河镇，成立于 2001 年 8 月，是由原亭趾、博陆、五杭三镇合并而成。2011 年 8 月撤销运河建制镇，设立运河街道。街道位于临平区的东北部，紧邻临平城区，境内大运河的第 7 段"江南运河"贯穿东西，是浙江省杭州市临平区的下辖街道，是临平区运河东来的第一街道，同时也是全长 323.8 公里的"江南运河"流域中唯一一个以"运河"为地名的街道。

　　运河街道地处杭嘉湖平原的圆心点，东与嘉兴地区接壤，北与湖州地区接壤，是杭州地区唯一的一个同时与湖州、嘉兴接壤的街道，故向来有"一桥通三府"之称。运河街道的总面积为 32.15 平方公里，现辖 14 个行政村、5 个社区，2018 年，年末总户数 12587 户，总人口 52480 人，其中户籍人口 43704 人。

　　都说"一方水土养一方人"。是的，一个地方的风情，是与当地的地理环境有着十分重大的关系。运河街道是典型的江南水乡，境内水网密布，贯穿东西的那条京杭大运河，沟通了境内的各种水系，现境内有着河道 90 条，总长度为 80.92 公里。这些大大小小的河流成了境内的血管，滋润着这一方土地。在这些河流的滋润下，这一带的风情都与"水"密不可分，有着这样或那样的联系。

　　历史上，这里是农业的重镇，有着"丝绸之府""鱼米之乡"之称。这里的人们，以耕读传家，以诚信立业，历史上这里曾诞育过无数的名人。

　　旧时，作为"丝绸之府"，栽桑、养蚕、缫丝、织绸，成了这一带别样的风情。每年的蚕熟茧成之后，家家户户都自行手工缫制土丝，以获得最大利益。在一些集镇上，土丝买卖也形成了气候。伴随着养蚕缫丝，也产生了做丝绵、打绵线的行当。旧时这里的风情中，有不少都与蚕桑有关……

旧时，作为"江南水乡"，这里的河流灌溉了周围的土地，四通八达的水网，在哺育人们的同时又给周围的人们出行带来了不少的麻烦。人们为了适应这个水网密布的自然条件，便发挥自己的聪明才智，开始造船，用船只来作为水上交通的工具。这些大大小小、各种各样的船只，也组成了一条别样的风景线。

这里的语言也有着自己的特色，不少语言都与水扯上了关系。比如说"开档人"，比如说"百坦划""百坦去""百坦来"，再比如说"扳艄、推艄，自顾自扎牢"，还有现在的年轻人不能理解的"船艄上前"……这些语言无不洋溢着浓浓的地方风情。

不多说了，反正这里的风情是林林总总，别有滋味。让我们打开本书，去欣赏这里的风情吧……

目　录

与水为伴语言奇

杭州市余杭区（2021 年 4 月分为余杭、临平两区，境内属临平区，下同）的运河街道，前身系运河镇，是由五杭、博陆、亭趾三个小乡镇（包括所属村）合并而成，这是全长 300 多公里的江南运河中唯一一个以"运河"命名的街道。顾名思义，这运河街道就是一个位居运河两岸的街道，运河就从其北部的五杭、博陆穿境而过。整条江南运河，其东线在余杭区境内的运河街道经过，然后与中线和西线汇合，总共穿越了 9 个镇街，全长有 35 公里，而这 35 公里的运河水道中，"运河"一个街道就占了 8.7 公里之多，因此运河街道是名副其实的余杭运河流域第一街道，是余杭境内运河东来第一镇。

运河街道以运河为伴，运河也成了运河街道的母亲河。水流由西而东的运河，从这里穿境而过，把周边原有的那些大大小小的河道全都沟

京杭大运河五杭纤塘   尤源海 画

运河老照片　　　　　　　　　　　　　　　　　韩一飞　提供

通在一起，像交织而成的水网，遍布了整个街道镇村，使这里成为一片风光旖旎的水乡泽国。这里人们的生产、生活，无不打上了"运河"的烙印和水乡泽国的特色，最鲜明的特征是"临水而居""与水相伴"和"无舟难行"。

运河街道中"五杭"集镇的得名，相传就与当地的河流有着极大的关系。据清光绪《唐栖志》载："禹航村，相传禹巡会稽，舣舟于此，乃渡江焉，名禹航，今讹为五杭。"由此可见，今天"五杭"的地名系由昔日"禹航"一名而来。民间曾传说大禹来江南治水时曾经先后五次乘舟路过这里，故留下了"伍航"地名，后讹传为"五杭"。旧时，五杭一带还有"禹王庙"（即今天的禹皇禅寺），这里的百姓世代敬祀大禹。当然，大禹治水名气实在太响，在我们余杭不少地方都曾留下众多的传说，其中有不少是有着一定的攀拉附会成分，有一定的百姓想象成分，可信度并不是很高。但是，一直以来，五杭这个集市通往外地有五条主要航道：运河东端航道通博陆、崇德方向；西端航道通塘栖方向；北端有风北港通禹越、新市方向；南端有庙前港通临平方向；西南有谢公（亦称"斜弓"）港通孤林、超山方向。这五条航道是实实在在地存在着的，而不是传说故事了。正因为有了这五条航道的存在，故使得这里的地名叫"五航"。古代时"航""杭"通用，故天长日久，便成了"五杭"。这些说法的真假暂且不论，但这些说法提供了一个详实的资料，那就是五杭这里是河流密布成网的水乡泽国。

再来说说博陆。博陆这地名也有说法，相传为"北陆埠，再传为博陆"。这里原是河流北面的一块陆埠，这里的陆地均被河流包围，东有岳洋，南有金家塘河，镇区中还有市河，北面是横贯境内的大运河，无数的陆地被河流围绕，成为陆埠，故尔得名。运河街道内的东南部还有另一个集镇，叫亭趾。这亭趾也同样如此，是与水为邻的地方。据清光绪《临平记》卷三记载：永安村改亭趾村，又名亭溪。一个亭溪的"溪"字，巧妙地点明了这里的地貌特色。这里，同样是一片泽国，村落、集镇大多临水而居。

这独特的地理环境，形成了这里的百姓与水为伴、临水而居、无舟难行的地域特色。船，成了百姓生产、生活出门交通之必需。很多生活习惯、常用语言以及百姓崇尚的生活方式，都与水、与船有着千丝万缕

五杭市河一角　　　　　　　　　　　　　尤源海　画

的联系。

我们先来说"船"吧。在旧时，运河街道一带大都开门见水，人们最离不开的就是船了。船在这一带既是交通工具又是生产工具。对于船的称呼，这里有两种叫法，一种是以船的动力来称呼，如"手划船""摇摇船""挂桨船""轮船"和"拖船"。另一种是以船的用途来称呼，如"抲（音 ke）鱼船""赶鸭船""客船""烧香船""扒螺蛳船"等等。

先来说说第一种以船的动力来称呼的船只。先说"手划船"，指的是运河街道一带乡间最常见的那种木制小划船。这种小划船吃水浅，船的前后分别称船头和船艄，中舱称"船肚（去声）"。船肚与前、后舱相隔处的上面横铺有一块 6~7 寸宽的木板，俗称"饭台"，因可以在木板上放碗盏吃饭之故所称。一般的农船两侧船板外还有一条 2 寸多宽的厚木板用以保护船板，称"船擸（音'辣'）子"。小划船大河小港都能去，旧时农村几乎家家都有，是这一带乡民出行所常用的生产和生活工

东门大桥　　　　　　　　　　　　　　　　　尤源海　画

4

具。这种船行船时以手划木桨划船使船前进,划桨又称"划楫"。用以把艄的划楫略小,比较轻快;而用以扳桨的划楫稍大一点,略重。在船的前舱(俗称"船艄里"),还可以临时加设一桨架,在行远路时一人或两人在前舱扳桨助动,后艄一人用划楫把舵,以加快船的行进速度。由于这种船是以手划桨为动力,故人们称之为"手划船",名称既生动,又十分形象,且在运河三乡的农村最为普及,在老一辈水乡人们的记忆中有着不可替代的位置。

而"摇摇船"指的是那种比"手划船"要大一点的农用船,一般为经济条件较殷实的人家所有。这种船是为了载货量大一些所需而产生的,故船只要比手划船大,载重量大的可以达到三到五吨,长约六至七米,船头似斧头形,也设前、中、后三舱。由于这种船较大,靠手划桨很难使船行进。于时,人们发明了"橹",这种"橹"的橹柄(把手处)与橹身(划水处)间约为130°左右的弧形钝角,有一定的弧度,形似琵琶,故亦名"琵琶橹"。船艄上的中间固定有一个凸出约2寸长的铁

运河纤夫 尤源海 画

质圆头（俗称"橹八屏"）用以灵活支撑橹中部内面的圆凹状支点（一般以硬质木材制成的正方形嵌件，俗称"橹脐"）。橹把上系以绳子，绳下端有钩。行船时绳钩勾住固定在船边上的铁圈，船工站立在船艄上（一般都在船的右边，也有大船在左边再加一支橹的）左右摇动木橹搅动河水作为船只前进动力。橹向外推出叫"推艄"，向内扳进叫"扳艄"。船较大或路较远的，还可以加一人在绳子和橹把上助力，称为"吊帮"。摇橹是一门技术活，颇为不易，初学时一不小心，橹脐就会滑出，橹身即刻从圆铁头上掉下来，就得重新架橹。由于这种船是靠摇橹来前进的，故人们称之为"摇摇船"。旧时运河中过境的较大木船（多为外地的货运船只）常配有风帆和纤绳，以助船只行进。值得一提的是，运河街道乡间旧时也常见比较小的摇摇船。技术熟练的船工，一人摇船，若是空船，摇船人又想露一手的话，他能把船摇得飞快，激起两道水浪斜拖着直逼两岸，令河埠上就水的妇孺们避之不及。

至于"挂桨船"，则是20世纪70年代左右出现的，由于挂桨船上使用的由柴油机带动的桨是挂在船后艄上的，故得名。新中国成立后，运河周边一带的运输船组织了起来，亭趾、博陆和五杭都成立了运输社。一些运输社大约在20世纪60年代开始用轮船来拖动运输船，由于最早的轮船是用机器带动一个称作为"明轮"的轮子来前进的，所以人们把机器作动力的船称之为"轮船"。而那些运输船，原来都是一些稍大一点的"摇摇船"，靠摇橹、撑篙、扬帆、背纤来前进，现在不用自己摇了，而是被轮船拖着前进，故人们称之为"拖船"。20世纪60年代至80年代，运河里每天都有不少结成长队的拖船队伍在水面上浩浩荡荡地行进。前面是一艘轮船，带动后面首尾相接的十多条大木船。大木船中大多装满了各种货物。此时若站在高桥顶上观望，无疑可见一道气势宏伟的亮丽风景。之后，出现了吨位级别较大的铁皮运输船，这道拖船风景才逐渐消失。这里需要说明一下的是，运河中来往的运输船基本上都是外地客户驾驭的过境船只。而本地农家则很少有家用的挂桨运输船。不过，境内的每个生产队都有几艘3～5吨的水泥挂桨船用于集体的农业生产运输或农产品投售等。这些挂桨船直至20世纪末汽车普及后才被逐渐淘汰。

再来说说第二种以船的用途来称呼的船只：柯鱼船。"柯鱼船"其实也是一种"手划船"，其外观基本一样，只是在前舱靠近中舱地方"柯鱼船"比"手划船"多了一格饭档，隔出一块鱼舱，用来养鱼。另外还有一点不同的，是两边船板外沿没有厚厚的一条"船攍子"，因此"柯鱼船"更比一般小农船轻巧灵活。"柯鱼船"与"手划船"一样，都是以手划桨来作为船只前行的动力。由于这种船只是渔民用来捕鱼的，所以人们生动地把这种船叫成了"柯鱼船"，既简洁又明了。这种船以境内的博陆水产大队最多。当时，基本上每户一只，夫妻搭档，早出晚归，长年水上作业。

"赶鸭船"的船形比较特殊，其外形活像一只小划船从中给锯成了两只，像半只船。这种船是专门给放鸭人赶鸭用的，老底子这一带水网

柯鱼船　　　　　　　　　　　　　　　　　　　街道文体中心提供

地带到处可见赶鸭人，他们站在一只半只头的小划船中，手持一根长长的竹竿，赶着一大群鸭沿着河流觅食，成了个"鸭司令"。这种半只头的小划船，由于是放鸭专用，人们称之为"赶鸭船"，也叫它"放鸭船"。

"客船"，是一种载客人的船，水乡人从一个地方到另一个地方必须要坐船。旧时，有一种定时的客船每天从一个地方到另一个地方，负责载送来往客人。这种船，由于是以运送客人为目的，故人们称之为"客船"，也称为"航船"。亭趾、博陆、五杭旧时都有航船，载客为主，兼带货物。境内三乡的航船以到达临平为主，其次是到塘栖、新市等，中途停靠基本固定的处所。航船还有"夜航船"和"日班船"之分，夜航船一般是跑远路的，比如杭州到苏州，杭州到湖州，杭州到嘉兴等。而日航船只是白天航行，一般均是乡镇到县城，或是从一个集镇到另一个临近的集镇，这种日航船旧时船工们自己称其为"埠船"，因为旧时将集镇叫成"埠头"，再加上这种船从一个河埠头到另一个河埠头，因而得名。

"烧香船"的船型其实和"客船"的船型是一样的，都是一只大木船，无非是这种船专门载乘往寺庙里烧香的烧香客，因而得名。

那种"扒螺蛳船"是一种连家船，这种船都是外来的，一家大小全都生活在船上，以在河港里扒螺蛳为业，故得名。

水乡河流密集，还常用到"摆渡船"。"摆渡船"不大，大多平底，因平底船稳扎安全。船呈长方形，长略大于宽。一般用橹摇，有专人长年守候，随时为过客服务。也有的摆渡船无人摆渡，仅在船头和船尾分别用绳子系住两岸的固定点，由过客自己拉绳子过河。

此外，旧时还有专供结婚时接亲用的"花船"，装饰比较华丽，船型也较大。还有一种"敲梆船"，是旧时穷人一家居行在水上沿处击梆乞讨度日的船，大多破旧肮脏。还有"脚划船"，是一种用一把长桨用脚划船行进的轻便小船，船型的式样不同于本地，属于绍兴一带的式样。"敲榔船"和"脚划船"都是外地人过境才能见到的。

　　顺便提一句，除船以外，旧时在水上短距离划行、劳作的生产工具还有菱桶。因为五杭、博陆一带河漾相接，旧时（1950年前）在水面植菱较多，有大片菱塘（多栽种两角菱，也有四角菱，也称水红菱）。菱桶木质，圆形，直径近1米，刚好可以乘坐1人，大多用于青年女性在菱塘劳作和采菱时用。菱桶划行大多用小桨，由于距离短，甚至也可以用一块小木板划行。菱桶不用时放置在家里，一个男子即可轻易扛动。使用菱桶一般在菱塘劳作时或采菱时，一季菱要先后采摘多次。这时，水面上花映人面，水影交辉，菱歌阵阵，真是诗意的美景。

　　到了新中国成立之后，随着科技的发展，造船的材料发生了变化，再也不是清一色以木头为原料了，出现了铁质的船只和用水泥制造的船只。这些船只的出现，使这一带对船的称呼有了第三种叫法，即以船的材质来命名。如"木头船""水泥船""铁壳船"……

　　就这样，这大大小小的船只，在其他地方，也许只是叫作大船、小船而已。但在这里，却因船只的动力不同，或者是作用不同，被冠以各

塘泾洋里采菱忙　　　　　　　　　　　　　　尤源海　画

种各样的名称，称得上是一种与水为邻的语言特色了。

对船只的依赖，也使这一带人们日常使用的语言产生了一些变化，出现了一种与"船"相关的俗语，这些俗语从船的特性出发，并引申到一些与船无关的事项之中。

一条船有着"船头""船舱"和"船艄"之分。在船只行进中，一般都是船头在前，船艄在后，这是行船的一种自然规律，一般的情况下是不会去违反的。出现特殊情况，那又该当别论。有趣的是，这里的人们把这行船的规律也引申到一户人家的日常管理上。老底子，男尊女卑思想十分严重，特别是在农村里，这情况更为突出，家庭中当家作主的不用分说肯定清一色都是男人，人们便把这当家的男人比作家庭中的"船头"，而家中的女主人则成了家庭中的"船艄"。在普通百姓眼中，一份人家要生活得好、生活得平安顺畅，总得是"船头"上前才对，也就是说无论是大事、小事都应该是由男人作主、男人上前。所以，碰到有的人怕老婆，家中的事情往往是要靠老婆去作主、去上前的，就会被旁人嘲笑，戏称作"船艄上前"，于是，这户人家也就会被别人看不起。如果正好这份人家又老是碰到些磕磕碰碰的事情，那么，人们就会帮助总结或者是分析原因，其原因肯定会一致地指向"船艄上前"："喏，这份人家你晓得奈格会若介格啦，格拉是'船艄上前'的呀……"

"船艄上前"这句话，不但不是水乡地带的人也许听不懂，就是现在水乡地区的年轻人同样也听不懂。但是，在水乡的那些老人们耳里，听起来却是那么的风趣，那么的充满着地方特色，一下子，往事又在眼前飘了……

水乡的船，旧时大多是小船，即使是最大的船长也不过数丈，可以说空间十分狭小。若是船上的人相互间发生了一些争执，因为没其他处可去，四处都是河水，还是得在这狭小的空间中共处。所以，用不了多久，两人就会重归和好。是呀，总不能争吵升级在船上打起来吧，一打起来，弄翻了小船，大家都要成为落汤鸡的呀。这种独特的现象，人们加以总结，提炼了一条俗语，叫作"船头上相骂，船艄上搭白"。嗨，这句话真是十分的生动和形象。人们又发现，同在一个屋里生活的夫妻之间，也像极了一条船上的两个人，夫妻俩日日相伴，抬头不见低头见，偶尔肯定会为某些生活琐事来争上几句，比如今天你的菜烧得太咸了，明天你什么东西买得贵了等等。这数落的虽然都是小事，但话一多就容易争吵起来。不过，这些争吵并没有根本上的利害之争，并不会影响夫妻间的感情，刚吵完没一会就又聚在一起说说笑笑了。于是，"船头上相骂，船艄上搭白"这句俗语也被引申到了夫妻关系上。每逢看到有夫妻在吵架，邻居们就会用这句俗语来劝架。是呀，"夫妻没有隔夜仇"，吵过，一会就没事了。

在水乡，农家地上的一些出产要拿到集市上去卖，他们把货物用船运到埠头后，由于这些农家在岸上并没有场地，故很多的人直接便在船上开展交易了。如卖甘蔗的、卖大白菜的等。顾客们一会儿上这条船，一会儿又上那条船，与不同的船家打着交道。说到打交道，往往就会有吃亏的时候和便宜的辰光。由于水乡船上交易的特殊性，对这吃亏和便

长春摆渡船　　　　　　　　　　　　　　　尤源海　画

宜，我们的老祖宗发明了一句老古话，叫"柴船上吃亏，盐船上翻梢"。这句话的意思是说，你在卖柴的船上吃亏了，然后去卖盐的船上占了便宜，翻梢了。这"翻梢"是我们这里的方言，意思是指扳本了，翻身了。在这句话中的含意是指把吃的亏都扳回来了。这句老古话也有的地方是说"盐船上吃了咸，豆腐船上去拔拔淡"，反正意思都是差不多。人活在世上总得与他人打交道，在打交道的往来中，吃亏和便宜都是难免的。吃亏时也不必太难受，要想想得到便宜的时候；得到便宜了也不要太得意，生活中总是会有吃亏的时候。保持这样的心态，那么就可以做到宠辱不惊了。可生活中老是有那么些人，吃不得亏，一旦稍微吃了点亏，总是浑身不舒服，想方设法也得从另外地方去占点便宜不可。只有占来了便宜，这些人的心态才会平衡，否则估计晚上都会睡不着的。针对这种人，我们的长辈便会用"柴船上吃亏，盐船上翻梢"来形容。这句充满着水乡特色的语言，既生动又形象。

船行水中，不太会划船的人会将船划得歪歪斜斜，船头一会儿上南一会儿落北，岸上看见的人会帮他操心。这样划船，碰到狭小的桥洞怎么过得去呀？其实，这是空操心，到了桥洞，划船人肯定会把船慢慢调直来的，无非是熟练的人划船，一下就过了桥洞，不熟练的人划船动作稍微慢点，或多碰撞几下罢了，但总归还是会把船把直，过了桥洞的。甚至那些不会划船的人，船到了狭小的桥洞前，这里一碰，那里一碰，碰了三碰后船也碰过桥洞了。所以，有人看到那些桥洞狭小的桥，还夸张地称之谓"三碰桥"。针对这种船过桥洞的现象，人们又总结出一句通俗易懂的俗语，叫"船到桥门总会直"。这句话在这一带的使用密度也非常高，人们在使用这句话时并不会指划船，而是引申到碰到困难时的鼓励。每到有人在生活中碰到这样或那样的困难，旁人就会告诉他，不用怕，"船到桥门总会直"。是呀，生活中谁不会碰到些磕磕碰碰的事，但碰到困难不能就此止步。人呀，没有过不去的山，就是高高的喜马拉雅山，都世界上第一高了，不是也有人爬上去了吗？所以，"船到

鱼桥   尤源海　画

桥门总会直"这句从行船过程中引申出来的俗语，千百年来一直在这一带百姓中得到了传承，它鼓励着人们去迎接挑战，战胜困难。说到这里，不由得想多说几句。这句"船到桥门总会直"的俗语，并不是这一带独有的，而是在全国大部分地区流行。不过，在外地流行的这句俗语是"船到桥门自会直"，而在这一带，把"自会直"改成了"总会直"。"自会直"，似乎是自然而然的行为，而"总会直"，却似乎带有一种努力的成分，你努力了，总会有结果。一字之差，可叹气象万千。

　　水乡生活离不开船，水乡的木船在结构上除了船头和船艄外还有船舱，靠船头的俗称"前半舱（船头里）"，靠船艄的俗称"后半舱（船艄里）"，中间的称"中舱（船肚里）"。过去的一些渔船也好，货船也好，有不少是"连家船"，一家人吃住都在船上，成了独特的"水上人家"。这些"水上人家"的"前半舱"往往是工作场所，是作业区，如捕鱼、载货。而"后半舱"则是生活区，如做饭、住宿。由于"前半舱"是用来工作的，况且船上空间有限，所以"前半舱"在工作时不会有无关的人员轧进去，也不喜欢有无关的人员来打扰。可生活中往往有人喜欢轧闹猛，哪里热闹往哪里轧，与他无关的事都瞎起劲。于是，在这一带就流传开这样一句俗语，叫"轧了个前半舱"，形容那些瞎帮忙、瞎起劲的人犹如轧进船的前半舱，到人家的工作舱去添乱一样。"轧了个前半舱"这句话，地域特色很浓，带有浓郁的水乡气息。它从船的特性出发，阐述了一个朴实的事实：前半舱是工作舱，闲杂人等不要轧进去，以免打扰人家的工作，并从此引申告诉我们一个道理，不要看见热闹就轧上前，瞎起劲会给人家添麻烦。就是你想帮忙也不能瞎帮忙，要帮忙，光有份热心是不够的，要懂行才能帮得上忙。再者，还有个人家要不要你帮忙的问题。人家一个人会做的事你硬要凑上去帮忙，到头来，往往是"轧了个前半舱"，你越帮忙，人家反而越忙。这也类同于境内的另一句俗语"瞎子帮忙，越帮越忙"……

行船时，船头往左或往右，靠划船者、摇船者扳艄、推艄来掌握。所谓"扳艄"，是摇船者将橹往里扳，这一扳，船头便会往右去，而"推艄"则是将橹往外推，这一推，又会使船头往左行。遇到两船在桥洞或河道转弯处交会时，摇船的双方都会使劲地大喊"扳艄"，提醒对方各自往自己的右边行驶，这与现在的车辆靠右行驶是一个道理。约定俗成后，两船相会，各自扳艄，以避免了两船相碰的危险。应该说在老底子，行船并没有规定往右行的交通规则，但人们各自扳艄右行，体现了这一带百姓的聪明才智，非常的了不起。这是一种在实践中得出的经验，也许是前辈们经过无数次的两船相碰，才总结出船只交会时各自"扳艄"的简单易行的经验。根据这两船相会扳艄行的特点，人们又创造出了一句俗语，叫"扳艄推艄，自管自扎牢"。这里的"扎牢"是当地的方言，意思是管牢。整句话的意思是，无论是扳艄还是推艄，人都需要先做好自己需要做的事。与前面所谈及的一些与船只相关的俗语一样，这句由行船规律而得来的俗语，也广泛运用在百姓的生活之中，人们往往会用这句俗语来提醒自己，做好自己该做的事。是呀，只要大家都做好了自己的事情，那么，生活中你我间磕磕碰碰的事一定会减少不少呀。

在这一带林林总总的与船相关的俗语中，最为有趣的是那句形容外地人的"开档人"了。

"开档"是与"拢档"对应的词。一条船停泊在河中，有里外之分，船只靠岸边的一面，人们称之为"拢档"，意思是离岸边比较近、比较拢。这"拢"在当地方言中有种"里面"的意思。而船只靠河中心的一面，人们则把它称作"开档"，意思是在船的外面，离岸边比较远。也就是说，这"拢档"和"开档"，其实就是离岸边"近"和"远"之说。久而久之，人们口中所说的"开档"不光光是指船的外面了，而是成了所有"外面"的意思。比如人们划船出趟远门，问他："你到哪里去？"他往往会回答："我到开档去。"意思就是到外面去、到远的地方去。更为有趣的是，人们把从外面来的人也称作"开档人"。时间一长，凡是外地人，不管你是水上来的还是从陆上来的，统统称作"开档人"。时至今日，那些上了年纪的当地人，还是习惯把那些外地人称作"开档人"呢。

说起这"开档人"，到底多少远才算"开档"，这似乎没有个标准。比如德清、桐乡、嘉兴一带的人到运河这带来，应该说他们也是外地人，但人们不会把他叫作"开档人"，而是会说"德清人""桐乡人"和"嘉兴人"。而当地人去德清、桐乡或嘉兴，应该说也是去外地了，但也不会说成"我到开档去"。这是什么原因？"开档"和"拢档"的区别到底在哪里？这，似乎与方言有很大的关系。就上面所说的德清人、桐乡人或嘉兴人吧，虽然他们也是从外地过来，也操着一口与本地不同的方言，但他们的方言与本地方言均属吴方言，虽然有着些差别，但差别不是太大，各自都能听懂对方说些什么，这也许就是不把德清人、桐乡人和嘉兴人当"开档人"的道理。所谓的"开档人"，应该是指那些所使用的方言当地人听不懂的。老底子，由于"一水通八港"，许多苏北人顺着运河来江南谋生，这些苏北人所说的苏北方言与当地方言区别极大，人们听不懂，于是，这些从远路过来的外地人，便成了当地人嘴巴中的"开档人"了。另外，所谓的"开档人"除方言听不懂外，还有可能是指浙江省外。旧时，浙江省总共11个府，分上八府和下三府，下三府指的是杭州、湖州和嘉兴，这一带的人称下三府时会具体说出地名，而其余8个府则一概以"上八府"称之。而不少上八府人的语言，我们这里也是听不懂的，但很少有人称其为"开档人"，极大多数的说法是称其为"上八府人"。当然，这两种所谓"开档人"的理由，则是我们的分析和猜测罢了，不知这一说法是否有一点道理。

运河街道的亭趾、博陆、五杭一带，历史上一直是河港密集的江南水乡，水乡生活是慢节奏的。这种慢节奏、慢生活的形成和船有很大关系，是由于船的原因而产生的。在过去，水乡的生活离不开船，而这些以人工作动力的传统小木船确实也快不起来，只能是慢悠悠地荡漾在水面上。"一方水土养一方人"，水乡人的性子大都被这慢悠悠的小木船养成了耐性子，凡事讲究慢慢来，就连说话都是耐悠悠的。

"百坦（音 tai）""百坦来"，是水乡人挂在嘴上的口头禅。"百坦"就是一句标准的本地水乡方言，它的意思大意是"别着急，慢慢来"。这句话，就是从船上生活引申出来的。船浮在水上，不固定，上船下船时一不小心容易侧翻，故每当有人上船下船时，船上的划船者便会提醒你"百坦来""坦格点"，让你别着急、慢慢来。时间一长，这句话就融入水乡人们的生活里去了。在旧时的水乡，吃饭要"百坦吃"，走路要"百坦调（走）"，划船要"百坦划"，干活要"百坦做"，就算你遇上了事情要去解决，也要"百坦百坦"地去解决。现在，这一带的年轻人是不会说"百坦"这个词了，甚至连知道这个词意思的也不会太多了。但是在那上了年纪人的口中，还能时常听到这句"百坦"，他们相互之间打招呼，还是会说"侬百坦来好了"。

过去出门都要用船，船到一个地方，在河埠头停下后，会用船缆绳将船系在河埠头的"象鼻头"上。过去河埠头那些帮沿（境内也称"帮岸"）上的石块上往往会凿上一个孔，让船家系船，这个孔由于从石块的上面穿到相邻的侧面，故人们俗称为"象鼻头"。这个系好船的缆绳就是停船所用，方言把"系"叫成"携"（或称"带牢"），船停在何处，往往就说成船"携"在何处了。

还有个"载"字，也是水乡民间常用方言，这里装货、运货都要用船，所以全都说成"载"字。"我今天载了点甘蔗到临平街上去卖"，"昨日子，我从博陆载了4个人去亭趾街上"。一个"载"字，充满着水乡特色。

除此之外，还有些谚语也与这小木船沾上了关系，如"划桨干，铜钿完"，意思是不动船了，划楫和桨都干了，就没钱用了。这些生动的语言，将小木船与人们生活关系密切的状态都描述了出来。又如"六月六，猫狗都汏浴"，是说六月初六天热了，猫和狗都要到河里去汏浴了。以前的猫和狗，不像现在的宠物猫狗在盆子里汏浴，当然都是在河里汏浴的。又如"带信带勒木排郎"这句俗语，是说带信没有及时带到，延

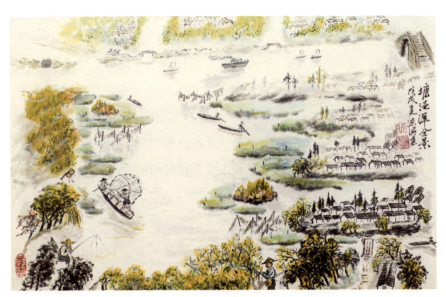

塘泾洋全景　　　　　　　　　　　　　　　　　　尤源海　画

误了。木排是在水里慢慢撑着前进的，因此这句话的出处和水密切相关，但之后也指在与水无关情况下的延误信息。又如土成语"隔河吊浜"，原是说两岸的人隔着小河打招呼、谈天等，之后就成了双方相隔一定距离（并不是河）之间打招呼、谈天等相关活动的表述词语。又如一则儿歌所唱的："摇啊摇，摇到外婆桥，外婆叫我吃年糕。……"摇什么？当然是摇船了。因此，这只儿歌应是水乡的"专利"，山乡的人们是绝对不会编出"摇啊摇"这样的歌谣的。好笑的是，水乡的人们甚至把小孩尿床说成"划龙船"，年纪稍大一点的人群应该有着这有趣的记忆。这个比喻既风趣又真切，无疑是打上了深深的水文化印记。

值得一提的是，历史上相沿成习的亭趾、博陆、五杭三乡范围内的许多小地名，都与当地的亲水文化有着千丝万缕的关系。其中最多的是带"坝"字的，如"双条坝""褚家坝""蓑衣坝""郭姜坝""头条坝""二条坝""道墩坝""胡家坝"等；其次是带"河"字的，如"章家河""圣堂河""北庄河""梅家河""池塘河""野河里"等；再次是带"浜"字的，如"凌河浜""打鸟浜""河洋浜"等；还有带"桥"字的，如"扶栏桥""大来桥""戚家桥""黄家桥""螺蛳桥""仁安桥"等；还有带"湾"字的，如"曹家湾""朱家湾""上石湾""湾里"等；还有带"港"字的，如"南横港""港口""港里"等。此外，还有如"渡船头""沈塘洋""郎家兜""毛羊兜""湖津荡""滩里""道家圩（圩，本地读 yu，意思相当于'堤坝'）""晾网圩"等地名，无不与水有着直接的关系。这些众多的、不胜枚举的、历史悠久的、承载着中华文明乡土文化和水文化根脉的地名，早已融入当地世代人们生活的方方面面，深深刻印在每个人的心中，真令人叹为观止，感慨不已。

更令人好奇的是，现在水乡的人们虽然基本上已不用船作生产和交通工具，大多数人已经与船无关了，但这些语言还在他们口中流传。凡是年纪在 50 岁以上的人，这些语言都还在常用。主人在送客人时，往往都会说"百坦来""百坦吃"。不少人现在开汽车了，车停在了什么地方，往往都会说"携"在了什么地方。至于开辆车子去接个人，则会说成"我去载个人"。

那些与船相关的谚语，同样也挂在那些年纪大一点的老人们口中。船与人们生活的关系越来越远了，但这些语言一时还不会消除，有的甚至传给了下一代。

临水而居，与船为伴，造成了这一带人们语言上众多与船只相关的特殊性，形成了一种别致的水乡语言特色，这也可以说是水文化的生动标记吧。

你缫土丝我制绵

　　运河街道地处江南运河流域，属于杭嘉湖平原的南部。这里历代以来土地肥沃，气候温润，水质清澈，为乡民们养蚕缫丝提供了十分优越的自然条件。这一带乡民自古以来就依托这得天独厚的自然环境，栽桑养蚕、缫丝织绸，使蚕丝业成了这里乡民们所从事的最主要的副业，从而也使这一带成了著名的丝绸出产地。

　　老底子蚕茧丰收了之后，在这一带的蚕农家中是没有人家直接去卖茧的，因为早期的时候附近缫丝厂还没有出现，因此也没有人收茧，即使你想去卖也是没有人收的。要让这一个多月中辛辛苦苦养成的茧子去

缫丝　　　　　　　　　　　　　　　　　　　　　　　　　摄影　褚良明

换成钱，那你就必须把那些茧子缫成丝。缫成丝了才会有人收购，才能换成钱。所以，在旧时，每当蚕熟茧成时，这一带蚕农们都要把茧子缫成丝，然后再出售给丝行，当时这里的博陆、五杭、亭趾这几个小集镇上都有丝行。丝行收了丝后再转手卖给那些织绸的作坊，再由那些织绸作坊去织成绫罗绸缎。这样一个轮回，就实现了从蚕到茧、从茧到丝、再从丝到绸的华丽蜕变。

每到农历五月，蚕农就会拿出家中平时闲搁的丝车来摆放在了堂前，然后搬来一个行灶，准备开始一年一度的缫丝了。这种用土法手工缫制的丝，在民国以前一直称其为"丝"，由于是新缫的，又称之为"新丝"。但自从清末民初，一批意大利的座式机械缫丝车被引入了国内，在广东、上海等地出现了机械缫丝。1896年，离运河街道不远的塘栖镇上也出现了浙江省境最早的机械缫丝厂"大纶丝厂"。这些机械缫丝厂出现，能用机器来缫丝，效率比手工缫丝快得多。从此，民间手工缫制的蚕丝就被称作"土丝"，而那些缫丝厂里用机械缫制的蚕丝则称作"厂丝"。土丝，是旧时余杭最为出名的一项大宗的物产。土丝，也是蚕农们蚕花生产的终极产品。当然，自从清末民初余杭境内开始有了机械缫丝厂后，那些机械缫丝厂发展很快，到1935年时，光是塘栖镇上就有大纶、祥纶、华纶和崇裕四家丝厂。这些丝厂自己不养蚕，他们要生产厂丝，就必须要向蚕农们收购蚕茧。于是，自从有了丝厂，各地便相继出现茧行。有的是厂家自行设立，有的是原先集镇上的丝行改行，这茧行遍布蚕乡各大小集镇，民国时期光亭趾街上就有两家茧行，著名的书画家姚虞琴所在的姚家，就曾经在亭趾街上开过庆成茧行。这些茧行往往都在蚕宝宝开始上山时就开门营业，向蚕农们直接收茧。这些茧行的出现，打破了当地的蚕农们千百年来养蚕缫丝的局面。同时，这些茧行的出现也使这一带蚕农在蚕熟茧成后多了个选择，既可自行缫丝，又可直接卖茧。大多数的蚕农贪图方便，便直接开始卖茧了，省得再在家中劳累个把月。毕竟缫丝是个辛苦活，从而使祖辈传下来的"养蚕缫丝"变成了"养蚕卖茧"。当然，在这一带的蚕农中，不愿意卖茧的人家也不算太少。这些人家认为缫丝是祖祖辈辈传下来的一种生活方法，轻易不愿意去作出改变。另外，他们认为自己在家闲着也是闲着，还不如自己缫丝，毕竟卖丝比直接卖茧要多赚几个钱。就这样，从单一手工缫制的"新丝"，到机械缫制的"厂丝"和手工缫制的"土丝"并存。这一局面一直延续到上个世纪的 60 年代，土丝才彻底消失。改革开放后，这一带乡间出现了不少"土丝厂"。但这些"土丝厂"并不生产过去的土丝，仅仅是民间因这些厂的规模小，与那些正规丝厂没得比才如此称呼而已。其实这些所谓的"土丝厂"也全都是采用机械缫丝，生产的全都是"厂丝"。

说起这一带的土丝生产，要算在清代的中后期最为鼎盛，那时的土法"缫丝"业几乎遍及这一带的各个村落，每当农历五月蚕熟茧成之后，蚕农就会掀起一个缫制土丝的高潮，家家户户都纷纷在自己家中摆开丝车，开起了手工作坊，自行进行缫丝。

缫制土丝这个活从工艺上来说算不上十分复杂，但其具体的工序还是挺多的。大致有剥茧、选茧、煮茧、抽绪、上绪、脱架、烘干等环节。这一带蚕农们缫制土丝，沿用的方法与明朝科学家宋应星在《天工开物》一书中所记载的完全相同，可以说是沿习了古法。缫丝，首先需要"剥茧"。因为蚕茧的外面有一层絮衣，乡间俗称为"毛茧"，而缫丝所用之茧必须是剥去絮衣的"光茧"。所以，人们在缫制土丝之前，必须先将毛茧上的絮衣剥掉，处理成光茧。这一道手续，在乡间称之为"剥茧衣"。"剥茧衣"最初都是自己剥自家的茧，但一家一户毕竟人手有限，把所有的茧衣全都剥好需要有一定的时间，而且家里几个人长时间剥茧也实在是太枯燥乏味。故后来"剥茧衣"便发展到采用左邻右舍相互换工的做法，也就是说今天大家帮他剥，明天大家帮你剥，后天则轮到大家帮我剥了。这可能是最早的"合作化"的萌芽吧，久而久之，便形成了蚕乡的一种独特的习俗。"剥茧衣"，劳动量不大，简直是玩一样的劳动，所以白天的时间人们是不会拿来"剥茧衣"的，都把它放在晚上，晚饭吃过，睡觉还早，正好可利用这时间来"剥茧衣"。剥茧衣时，先在八仙桌子上放上一只养蚕的大匾，再将毛茧倒在大匾里，并推到大匾的中央，然后家人和邻舍便纷纷围坐在大匾周围，大家动手来剥茧衣，将剥好的光茧放在大匾的边沿，剥下的茧衣另外放入其他容器内。在"剥茧衣"的过程中，蚕农们还会同时进行"选茧"的工序，将那些双宫茧、污烂茧、穿孔茧、搭壳茧等不易缫丝的次品茧一一挑出，将它们另放一边，日后充作"扯绵兜"的原料。剥茧衣的人多了，这过程也就不再枯燥，在剥茧衣的过程中，大家东家长、李家短地聊聊天，喝喝茶，或者听听大头天话，倒也其乐融融。那些能说会道的一边剥茧一边还会讲笑话，博得大家呵呵大笑，那些需要剥的茧在众人的笑声中也就不知不觉地被剥完了。

"毛茧"处理成了"光茧"，也就代表着这户人家一年一度的缫丝工作要开始了。这一带蚕农在缫土丝时采用的工具是一种木制的缫丝车，下有踏板，靠脚踏传动丝车。据相关资料记载，我国最早最原始的缫丝方法是将蚕茧放在放满热水的盆中浸泡，然后用手抽丝，再卷绕于丝筐上。那些盆、筐称得上是最原始的缫丝器具了。大约到了元代的时候，才开始出现了手工缫丝车，替代了原始的盆和筐。这种缫丝车是木制的，几根柱子撑起一个支架，中间有丝车，丝车下有传动轴，通过人工脚踏来使丝车旋转。到了明代，木制丝车经过了一番改良，在蚕乡慢慢地得到了普及。到了清代，这一带蚕乡几乎家家户户都置有丝车，这些丝车都用硬木制成，坚固耐用，可一代一代地往下传。

缫制土丝时，需将茧子放到滚水中去煮，照理说家家户户都有灶头，煮茧应该没有问题。但是，煮茧的锅子须在丝车旁边才能够缫丝，可灶头一般都打在灶间，灶间里空间有限，放一部丝车便显得空间狭小了。再加上灶头相对来说较高，而丝车却比灶头低得多，无法与丝车配合起来。为此，人们想出了办法，发明了"行灶"，把它拖到了丝车旁边，用来煮茧。这所谓的"行灶"，就是指一种可以移动的灶头。这种行灶下面有四只脚，搬动方便。"行灶"的出现，也充分体现了我国古代劳动人民的聪明才智。缫丝时蚕农在行灶上煮茧，丝车上缫丝，一边煮茧一边缫丝，两边同时进行。缫丝时一般由两人共同操作，一人负责缫丝，只见她脚踏传动板，手持竹丝掌，捞起茧上丝头，一只手向前一撩，那丝就飞快地绕在了轴头上，随着脚踏板的传动，那丝就在丝车上一圈一圈地绕了起来。另一个人则坐在行灶旁专门从事准备蚕茧、添茧入锅、烧炉加水等辅助工作。从事缫丝者往往都是女人，女人心细，眼快手快，应付得了丝车旋转的速度。而男人缫丝，往往会笨手笨脚、手忙脚乱，一个丝头刚添上去，另一个丝头却不知从哪里去找了。在乡间，缫丝者大都为夫妇一对或姑嫂两人共同操作。缫丝时，大都采用鲜茧直接投入高温的汤锅中，边煮边缫。缫丝者脚踏着丝车，一手执竹制的爪篱拨动在滚水中翻滚的茧子，另一手抽绪、上绪。手脚并用，眼快手快，颇要有一点技术，是一种熟能生巧、多年形成的技术活。也有的家庭主妇，在缫丝上无论怎样练，其技术总还是比人家相差一刨花，缫出来的丝粗细不匀卖不起好价钱，于是，这些人家只能出钱请村中的缫丝高手来家中帮忙缫丝。所以，那些技术好的缫丝妇女在农历的五月是很忙的，往往自己家里的茧子缫完了还得去帮别人家缫。在缫丝时，茧子抽光了丝后便剩下了一个蚕蛹（俗称"蚕蚁"），这蚕蛹捞起后，有的人家会把它拿来当菜吃。你还别说，这蚕蛹在油锅里一炸，绝对是一道令人"打个巴掌不肯放"的下酒菜。

在缫制土丝时，对煮茧用的水要求很高，民间认为"水重则丝韧"，好水才能缫出好丝来。运河街道一带是水乡泽国，处处有好水，这为传统的缫丝业创造了良好的条件。在缫丝时，还有许多的讲究，比如，缫工们十分讲究"出水干"，即要求刚缫出的丝见光后就能迅速干燥，不迅速干燥会影响到丝的质量。于是，有的操作者往往会在丝车底下放上一盆炭火，使丝车上的丝随着丝车的旋转，在炭火上空转过时达到"烘干"的效果。操作者往往靠掌握盆中炭火的火候以及脚踏丝车的速度，来达到刚缫出的丝能够做到"出水干"。另外，缫丝时对烧火用的柴也很讲究，据志书记载栗柴最佳，桑柴次之，切不可烧香樟。由于栗柴在这一带并不多见，故蚕农们往往选用"次之"的桑柴来烧火。过去的土丝，在出售时其丝的重量是以"两"为单位来进行计算的，一般十两为一车，四车为一把，出售时以"把"计算。缫粗丝时，往往一天就能够缫出一车，而细丝则一天半或两天才能缫成一车。

到了清末民初，由于这一带附近特别是塘栖镇上机械缫丝厂的迅速兴起，所缫制的厂丝其粗细均匀，质量远远胜于土丝，从而对土丝市场形成了很大的冲击。为此，一些土丝业主纷纷提倡对土丝进行改良，从而与厂丝分庭对抗。民国初期，这一带乡民们采用"摇经"的办法对土丝进行改良。所谓"摇经"，就是将土丝放在摇车上摇一遍，在摇的过程中，按丝的粗细、色泽，均匀分类，加以复摇整理，摘糙接头，粗细分片，经过这样复摇整理的土丝称作"干经"。"干经"的出现，的确使土丝又略为红火过一阵。但随着机械缫丝的逐步普及，"干经"也无法与厂丝匹敌，而且生产成本也高。故到了中华人民共和国成立之后，这一带的土丝生产仅剩下零星了。到了 20 世纪 60 年代初，国家遭遇三年困难，大批的缫丝女工从工厂精简回到了乡下，土丝又生产过一阵，但 70 年代之后，这一带彻底告别了土丝缫制。

在缫完土丝后，蚕农们开始处理缫丝时剩下来的那些不能缫丝的次品茧了。这些次品茧最早的时候是没有用途可派的，后来，我们的祖先居然用这些次品茧发明了用来制作丝绵的技法。所以，说来也奇怪，这颇受江南人喜爱的清水丝绵，究其由头，竟来源于一些不能缫丝的次品茧呢。

在蚕宝宝上山结茧的过程中，由于种种原因，往往会产生一些这样或那样的次品茧，如两条蚕做成一个茧的双宫茧，以及一些穿孔茧、乌头茧、黄斑茧、污烂茧、搭壳茧等，由于这些次品茧的吐丝结茧没有规律，使得丝条紊乱，再是巧手也无法缫出丝来，故蚕农们"剥茧衣"时将这些茧挑了出来，全都归入了次品茧的行列。对于这些次品茧，蚕农们心中觉得很可惜，一条蚕，从小到大，一直养到它吐丝结茧，实在是很不容易。于是大家都舍不得丢掉，就想办法如何对这些次品茧进行再利用。大约从元代开始，聪明的祖先发明了制作丝绵的技法，从此开始用这些次品茧来制作"清水丝绵"。可以这么说吧，"清水丝绵"，其实是一种废物利用的产品，我们的先辈们利用自己的一双巧手，硬是将"废"变成了"宝"。

到底是谁最早制作清水丝绵，又是如何想到要制作丝绵的，这些和何时开始缫丝一样，历史上都查不出明确的记载，也不可能有正确的记载。但说起这清水丝绵的来历，在这一带蚕乡却流传着这样一个传说：相传很久以前，有一年冬天，天气特别冷，在与五杭村落接壤的塘栖塘北村一带，有个蚕妇因家里穷没有过冬的棉衣，冷得受不了。怎么办？翻来找去，想找些旧衣服来御寒。七找八找，突然，她看见家中墙角里还堆了一堆缫丝时剩下来的双宫茧。她顿时眼睛一亮，她心里想呀，这茧子缫成的丝可以做衣服，如今这双宫茧虽然不能缫丝，但它的丝条仍在呀，把那些丝条扯起来说不定也能起到一些保暖的作用呢。再说，这些双宫茧丢在墙角里，反正没有啥用场好派，何不拿它来试一试呢？想到这里，她当即说干就干，便把那些缫丝时剩下来的茧子统统放在锅子里，加了满满一锅水，便开始烧火煮起了茧子，等那些茧子煮透后，她又把茧子从锅子里捞出来，浸在清水里。然后开始挖出茧子中的蚕蛹，用双手把茧子一个个扯了开来。那些茧子的丝条很韧，她扯呀扯呀，越扯越有点像棉花了。那蚕妇高兴极了，一口气将那些茧子全都扯成了一片一片的丝片，然后又将这些丝片当作棉花翻在了衣服里，做成了一件棉衣。想不到这些茧子扯成的丝片虽然很薄，竟然比棉花的保暖作用更好。她开心极了，逢人就说自己的这一"创举"。消息传开后，村坊里的邻居都十分惊奇，养蚕的人家谁家没有一些缫丝剩下来的次品茧呀，于是左邻右舍都来找她，向她讨教方法。一时间，大家的次品茧都在这个蚕妇的指点下，扯成了丝片。由于这扯成的丝片像棉花一样能保暖，而且又是用茧丝做成的，于是人们便把它叫成"丝绵"。从此，这个将次品茧扯成丝片的方法，就在这一带的运河两岸流传了开来。

当然，这只是个传说。传说毕竟是传说，是不能拿它来当历史的。但这个传说起码说明了一个道理，是人们在劳动中创造了丝绵，是人们的聪明才智把"废"变成了"宝"。而这清水丝绵的产生，又使蚕宝宝身上的所有东西都成了宝贝，浑身上下没有一点可丢掉的东西。就是拉出的粪便，也还是一种被称作"蚕沙"的中药呢。

自从我们的祖先发明了丝绵制作的技艺后，养蚕人家每年春蚕丰收缫完了土丝后，便家家户户自行制作丝绵了，让那些次品茧变废为宝。时间一长，大家领略到了这丝绵的好处，于是，这"丝绵"也慢慢地便从农家自用，而发展成为一种拿来上市销售的商品。随着丝绵成了一种商品，越来越多的人开始喜欢上了丝绵，使得丝绵从原本是一种缫丝过程中产生的副产品发展为一种蚕丝业的主打产品。在蚕乡，有些蚕农干脆专门开起了家庭作坊，收购邻家的次品茧，专门来加工生产丝绵。一些镇上的商家，也看中了这清水丝绵所拥有的商机，干脆开出专门的商号，做起了丝绵的收购和出售工作。余杭一带出产的丝绵由于特别洁白，被称为"清水丝绵"。随着岁月的流逝，余杭"清水丝绵"的品牌便打响了，在历史上，还曾作过皇家的贡品呢。

清水丝绵一时间成了市场的宠儿。旧时，江南一带凡家境稍微富裕点的人家，几乎家家都置有一些丝绵被、丝绵棉袄和棉裤。如果家里有女儿出嫁，那么无论家里有多穷，也要千方百计地买来清水丝绵，翻上一二条丝绵被，用来作为女儿的嫁妆。

在这一带，老百姓习惯将做丝绵叫作"扯绵兜"。这项"扯绵兜"的活，在这一带蚕乡一直用手工制作，并没有专门的机械设备，只是在制作过程中要用到一些简单的工具。制作清水丝绵，主要凭手上的技巧，所需的工具大都是一些普通常见的盛物器具，只有"布袋"和"竹弓"（当地称"绵括"）这两样工具是特制的，称得上是制作清水丝绵的专用工具外，其他的工具，如锅子、木盆、水缸、竹竿等都是平常农户家中常见的一些普通生活用具。在旧时，制作清水丝绵都是家家户户个体制作的，所需的工具全都是利用家中平常的器具，大小不一，形状不一，除了竹弓是统一的，其他没有统一的器具，就算那个同样是为了"扯绵兜"所特制的布袋吧，也是大小不一的。但是，人们利用自己的一双巧手，制成的清水丝绵却几乎是一致的了。

　　制作清水丝绵大致有以下这么些工序。它的第一道工序是选茧，旧时家家户户用缫丝时剔选出来的双宫茧和其他一些次品茧，也就省却了这道工序，可以直接进入下一道工序煮茧了。

　　煮茧是"清水丝绵"制作的一个极为重要的环节。煮茧前，事先得准备一只只的粗布小口袋。这些小口袋用的布都是农家自织的原色白

做大兜　　　　　　　　　　　　　　　　街道文体中心　提供

布，染过色的布不行，其色泽将影响丝绵的质量。这些小口袋的缝制，用的线也必须是白线，不能带任何色泽。然后在这些口袋中分别装上那些准备用来做丝绵的茧子，每只口袋约装一斤半到两市斤左右的茧子为宜。茧子装好后将袋口用白线扎牢扎紧，再把这一袋袋的茧子放入家中的大铁锅中去煮。煮茧时要随时添加清水，水位的多少和茧子的多少相关，一般加至与茧面齐平即可。然后再根据锅的大小和茧量的多少放些许老碱和香油，一般的锅子每一锅需放老碱二两和香油两汤匙。这些老碱和香油的添入，能起到使茧层发松的作用，从而使"剥茧子"的时候容易剥开。煮茧子的主要目的是要溶解茧子内部的丝胶，并使茧层发松，故在煮的时候要讲究煮得透。因此煮茧对火候很讲究，需采用旺火猛煮，约需煮一个多小时。此时锅中的茧子已经煮透了，茧子中的丝胶基本溶解了，茧层也开始发松了。然后就可以熄火起锅。起锅后的茧子还是装在袋子里，连袋子一起拿到河边去冲洗。

冲洗时茧子还是在袋子里，需要连袋一起冲洗。这冲洗可是个力气

拉丝绵   街道文体中心　提供

活，旧时一般都是由家中的壮年汉子干的。由于煮茧时放入了老碱，故在冲洗时要将茧子中的碱水洗净和将蛹油挤出，因为如不挤干净留有残余会直接影响到做成后丝绵的质量。所以，整个冲洗的过程显得很麻烦，那些壮年汉子把装着茧子布袋拿到河埠头，把茧袋放在河埠头的石阶上，用脚踏，用手搓，边踏边冲洗，反复进行数遍，一直要到把茧子中的碱水和蛹油统统挤出洗净才算冲洗完成。此时再打开布袋，将袋子里的茧子倒出，放在那些比较大的盆子里或脚盆里，再放入清水中漂洗。漂洗过后的茧子接下去再经过一个"浸"的环节。冲洗完的茧子还要在清水中再浸几个时辰，考究的人家要把茧子在清水中浸上一夜，这才开始正式做丝绵，即动手扯绵兜了。这一"洗茧""浸茧"的过程讲究的是一个"清"字，则水要清，水清则绵白。故"清水丝绵"之名，可谓名副其实。运河周边水质纯净明澈，所出产的清水丝绵质量自然是高人一筹。

做丝绵分成"做小兜"和"做大兜"两个环节。这"做小兜"和"做大兜"一样，都是个技术活，丝绵的纯净和均匀程度大都是取决于"做小兜"和"做大兜"水平的高低。故在整个清水丝绵的制作过程中，男人们则是做些装袋、煮茧、冲洗、晾晒的辅助性工作，其核心环节"做小兜"和"做大兜"则向来由妇女来完成。

做小兜俗称"做透儿"。操作时，将冲洗干净的茧子倒入木盆中，在盆上正中放置一块木板，横放，再在盆中加上清洁的清水，几个妇女围在盆边，开始动手剥茧。正如《天工开物》中所描绘的一样，操作者须事先将自己大拇指的指甲剪净。大家一人守着一只木盆，纷纷坐在各自的木盆旁边，各自将茧子一颗颗从水中捞出来，每捞出一颗即用手剥开一颗。茧子剥开后先得去掉里面的蚕蛹，洗净，然后把剥开后的茧子用双手用力将它扯大，再把这扯大的茧子像戴手套一样翻转，并套在自己并拢的左手四个手指上，随即把丝面上的杂质去掉。这第一步将茧子扯大的过程是横着扯的。戴到手上去的过程其实也是扯，是第二扯，不过这次是竖着扯。这样既横扯又竖扯，均匀地把那些茧子扯大。一般手上套上四颗茧子后，就得除下来，除下来的茧兜成了半成品。此时的半成品就称作"小兜"。做好的"小兜"一帖帖地整齐叠放在盆上面那块横放的木板上，至此，"小兜"算做好了，接下去就等待做"大兜"了。

"做大兜"往往是要周边技术最好的人来做的。"做大兜"时，一般都用中等大小的水缸，盛满清水，在缸内水面操作的一边浮放上一个用竹条弯成的圆弧形竹弓，竹弓是用竹条两端分别固定插在一块长约1市尺、宽和高分别为1寸许的木条两端小孔中做成的一个半圆形的框子，俗称"绵括"。"绵括"的木条中间系用线绳吊挂一坠子至缸外以固定"绵括"位置，让绵括浮于缸内基本固定于水中。然后拿起刚做好的"小兜"，双手用力横扯使之扩大，带水将其一个个紧绷到那个绵括上去。然后再竖扯均匀，让其绷满绵括。每个小兜绷上绵括后，要依次扯开扯匀，扯薄边沿，敲掉生块，捡净附在上面的垃圾和杂质。一般连

做小兜　　　　　　　　　　　　　　　　街道文体中心　提供

31

续绷上三到四个小兜，操作者凭经验视水中丝绵的厚薄而定，就可以剥取下来。剥取下来的绵兜就成为一个厚薄均匀、毫无杂质的"大兜"。这"做小兜""做大兜"的过程，讲究的就是一个"纯"和"匀"，要将丝绵中的杂质全部挑掉去净，将丝绵扯得厚薄均匀，这是保证丝绵质量的最重要的环节。整个清水丝绵的制作技艺，也在这两个环节中最充分地体现了出来。"做大兜"就是《天工开物》中说的"上弓"，这一环节是清水丝绵制作技术中的核心环节，讲究眼快手快，带水上弓。正如《天工开物》中所说的，"上弓之时惟取快捷，带水扩开。若稍缓水流去，则结块不尽解，而色不纯白矣"。

老底子，一家一户自行做丝绵，人手少，大都是按部就班，等做完了"小兜"，然后再去做"大兜"。后来，随着市场上丝绵需求量的增加，丝绵生产逐步形成作坊化生产了，形成了作坊，人手自然就多了起来。于是，一边有人做"小兜"，另一边也有人在做"大兜"，形成了一条龙、系列化生产。

清水丝绵　　　　　　　　　　　　　　　　　　　摄影　褚良明

"大兜"做好后，接下来便可脱下竹框，用双手将水绞干，放在一边，五根一堆堆放整齐。然后再把绵括拿起来放在凳子上，将绞干后的"大兜"甩松，再在绵括上套一下，使其成型，再取出来挥挺，分左右两堆斗角堆放。最后再用针线将这些绵兜的斗角处串起来，一串串地挂在竹竿上去晾晒。这晾晒应是最后一道工序了。一般要连续晾晒几天，等到晾晒干后便成了"丝绵"的成品，可以存放自用或者出售了。

晒干后的清水丝绵，已经是成品了，如自家用，从竹竿上取下来即可放起来留作备用。但如果是要想出售给他人，那么，还得给丝绵以包装，那就还有一些后期整理的活计等着你去做。

清水丝绵的后期整理工作，其实非常简单，那就是将成品加以包装。丝绵一直以来都是论斤卖的，故旧时丝绵作坊在后期整理时，往往将一个个绵兜拉挺，然后每一斤丝绵叠放一起，将一斤丝绵作为一个整体，包装起来。按当地的传统习惯，一直是以丝绵来包装丝绵，没有任何其他的包装物。所谓的用丝绵来包装丝绵，就是取其中一个绵兜，将它扯开，然后将其余的那斤丝绵全都装在里面，扯挺后即成包装完毕的一斤丝绵了。直到目前为止，余杭的清水丝绵，还没有出现外包装。

过去作坊化生产和工厂化生产的时候，在包装时还有道手续，那就是再在这丝绵上放上自家作坊的牌号或商标。这牌号和商标也不是外包装，而只是一张小纸片。这张小纸片一般都不是贴上去的，而是插在外包装的那个绵兜里面的，绵兜本身较薄，扯开后几乎透明，插在绵兜里面的牌号或商标外观能一目了然。一些私人加工的小作坊，生产的清水丝绵在包装上更为简单，他们只在丝绵中插一张小红纸，什么字都不印，就算"红牌"丝绵了。

这一带出产的清水丝绵，借着好水的光，果然不同凡响，做出的丝绵厚薄均匀、手感柔滑，弹性好，拉力强。一直以来深受消费者的喜爱，成了丝绵产品中一个响当当的品牌。

清水丝绵的制作技艺，在运河周边的亭趾、博陆、五杭及其周边一带，一代代过来，始终以母传女、婆传媳的方法在民间传承。现在，有的缫丝企业已发明了用机器生产丝绵。但在百姓的心目中，还是传统手工制作的"清水丝绵"更强。丝绵几乎成了本地民众家里不可或缺的物品。若有小孩出生，家中只要有老人还在的，都会用丝绵给孩子制作保暖衣服。大姑娘出嫁，丝绵被又是必不可少的陪嫁物品。就是有老人去世，也还得在他的脸上蒙上一道丝绵。丝绵，已融入了这一带水乡民众的生活之中。

近几十年以来，随着蚕桑生产的逐渐衰退，在这一带的乡村，制作清水丝绵的习俗已大不如前，濒临绝迹。由于这一带乡镇企业的快速发展，养蚕的人家已经日益减少。现在，如要制作丝绵自己家中已经拿不出茧子，需要花钱去买茧子来做了。但是，尽管如此，这清水丝绵的制作技艺在这一带还是依然存在着，还有一些老人在从事这样的工作，在传承着这项技艺。2009 年，"余杭清水丝绵制作技艺"作为"中国蚕桑丝织"项目中的一个子项目，与"中国蚕桑丝织"一起，被列入了联合国非遗保护名录。运河街道是"余杭清水丝绵制作技艺"的保护和传承单位之一，从这一点上来说，世代传承的"清水丝绵制作技艺"成了运河街道的一张金光闪亮的名片，对提高运河街道的知名度和美誉度，作出了极大的贡献。

运河街道，这个古老的蚕乡，缫制土丝已成为历史，但"清水丝绵制作技艺"还将会继续在这古老的蚕乡一代一代地传承下去。

三娘娘在打绵线

　　清水丝绵是余杭的一项传统特产，其制作技艺已入选了联合国世遗项目。运河街道是余杭清水丝绵的主要传承区域之一，至今还有着众多的传承人。对于清水丝绵，随着她进入了世遗项目，知道的人越来越多，甚至连年轻人对她也不陌生。但是，一般的人仅仅知道清水丝绵是一种御寒原料，是用来冬天翻丝绵被、丝绵袄的好材料。至于清水丝绵是不是还有其他用途，一般的人就知之不多了。为此，在这里，想和大家说说知者不多的清水丝绵的再加工，说说清水丝绵是怎么变成绸缎的，说说伴随着清水丝绵而产生的在旧时这一带常见的一种生产性习俗——"打绵线"。

打绵线　　　　　　　　　　　　　　　　　　　　　　　摄影　褚良明

"打绵线"，说白了其实就是纺绵线，它和用棉花纺纱一样，都是为纺织提供原料。无非是织布的纱是用棉花纺的，而这织绵绸的绵线则是用丝绵制的。那么为什么这制作绵线不叫纺绵线而叫"打绵线"呢？嗒，这绵线的制作过程有点特别，有点另类，因为这绵线不是农妇用纺车纺出来的，而是农妇利用了两件极其简单的工具——绵叉梗和锤子，用双手将丝绵"打"成了线，所以这个制作绵线的过程才被称作"打绵线"。

这里先附带说一说绵叉梗和锤子。"绵叉梗"是一根像手指大小 1 米多长的硬质杂天然木梗，大多涂以红漆。顶端装有一个金属（大多为铜质）分叉，两个分叉的上端又各自分为小叉，就如一个大 Y 两侧又分出两个小 Y。整个金属叉下端是一个圈，牢牢地固定在绵叉梗顶端。顶端的金属叉用来叉置打绵线的原料——茧丝（俗称"阿筋条"）。"锤子"（本地俗称"绎子"，与纺纱的纺锤同）是缠绕绵线的器具，为一根约 8 寸长，如一般竹筷大小的小圆竹棒。竹棒下端有节，略大，节上平串着 5 个左右铜钿。小竹棒上端刻有螺旋纹的线条，顶端略深，便于操作时绵线嵌入，使"绎子"悬挂并捻动旋转。竹棒上可以随时插上或除下筒载绵线的管子（一般用芦管制成。但本地少有芦管，也可用笋壳或甘蔗叶的下端做成）。管子上棉线依次添加，加满后称"纺锤"，即除下来另换管子继续。

在介绍"打绵线"这个传统的生产习俗前，我们先来向大家介绍一幅由丰子恺先生画的漫画《三娘娘》，这幅漫画引申出了一个有关清水丝绵再加工的习俗，讲述了将清水丝绵纺制成线的故事。

丰子恺先生是一位著名的文学家和漫画家，他出生在运河街道东面的桐乡石门古镇，他那家乡与运河街道相距不远，所以也可以说是属于这一带的人。丰子恺先生从小在桐乡石门长大，对这一带的风土人情颇为熟悉，他有许多散文和漫画都描绘了这一带的风土人情。其中有一幅著名的漫画叫《三娘娘》，为了这幅画，他还特地写了一篇随笔，名字也取了《三娘娘》。在那幅名为《三娘娘》的漫画里，丰子恺先生画了一个正在打绵线的中老年妇女。"打绵线"是桐乡、余杭运河沿线一带民妇所盛行的一种生产性习俗，它是用清水丝绵来纺成绵线，用来织绵绸用。这丝绵纺线和棉花纺纱则完全不同了，这棉花纺纱需要用纺车，相传是元代上海松江的黄道婆发明了纺纱。但用清水丝绵来纺线，则完全不需要纺车，仅仅只是一个人再加两件简单的工具就能完成。用丰子恺先生的话来说："这是一架人制的纺织机器……"

那是 20 世纪 30 年代的事，那时候丰子恺先生曾在杭州做寓公，租了房子专事写作。每次从家乡的桐乡石门去杭州，他都喜欢坐船，雇上一条小客船，从桐乡石门湾进入大运河，再经过余杭的博陆、五杭、塘栖去往杭州，走它个三五天，欣赏着运河沿线的风情，过着慢悠悠慢节奏的生活。有一次，他在去杭州的路上，因天气不好，船在一个不知是博陆还是塘栖的小镇上接连停了三天。他雇的那条船正好停在镇上的一座小石桥旁边，桥边的岸上有家杂货店。看店的是个中年妇女，丰子恺每次从船舱里望上去，都发现那个中年妇女在打绵线。于是一时兴致所至，他便在船上铺开宣纸信笔画了这幅《三娘娘》的漫画。漫画画好后，丰子恺先生余兴未了，为方便城里的读者了解这幅漫画的内容，他又特地为解释这幅漫画的内容写了一篇随笔，并同样还是用《三娘娘》来命名。为一幅漫画而写一篇随笔，并采用了相同的标题，这在丰子恺先生的文学创作史上可以说是唯一的一次，十分难得。

丰子恺先生在随笔《三娘娘》中，对他所看到的这一带打绵线的情景作了如下描述："这是一架人制的纺丝机器。在一根三四尺长的手指粗细的木棒上，装一个铜叉头，名曰'绵叉梗'，再用一根约一尺长的筷子粗细的竹棒，上端雕刻极疏的螺旋纹，下端装顺治铜钿（康熙，乾隆铜钿亦可）十余枚，中间套一芦管，名曰'锤子'。纺丝的工具，就是绵叉梗和锤子这两件。应用之法，取不能缲丝的坏茧子或茧子上剥下来的东西，并作绵絮似的一团，顶在绵叉梗上的铜叉头上。左手持绵叉梗，右手扭那绵絮，使成为线。将线头卷在锤子的芦管上，嵌在螺旋纹里。然后右手指用力将竹棒一旋，使锤子一边旋转，一边靠了顺治铜钿的重力而挂下去。上面扭，下面挂，线便长起来。挂到将要碰着地了，右手停止扭线而提取锤子，将线卷在芦管上。卷了再挂，挂了再卷，锤子上的线球渐渐大起来。大到像上海水果店里的芒果一般了，便可连芦管拔脱，另将新芦管换上，如法再制。这种芒果般的线球，名曰绵线。用绵线织成的绸，名曰绵绸。像我现在身上所穿的衣服，正是三娘娘之类的人左手一寸一寸地扭出来而一寸一寸地卷上去的绵线所织成的。"

丰子恺先生的这篇随笔，较好地为《三娘娘》这幅漫画作了注解，也非常简洁地描绘了整个"打绵线"的过程，他那"这是一架人制的纺丝机器"更是对打绵线妇女的高度评价。她们不需要纺车，仅凭双手和两根杆子就能纺出线来，真的是人造的纺织机器呀！

"打绵线"是一种清水丝绵的再加工，所打成的绵线是绵绸生产的一种主要原料。这里说的绵绸，不是现在的那种粘胶纤维纺制的绵绸，而是一种用传统手工技艺纺制的平纹绸，它是用绵线纺成，其原料还是茧丝产品。绵线有两种，一种用不能剥绵兜的软茧和丝吐等下脚料来打制，一种用现成的清水丝绵打制。用下脚料打出来的绵线，只能织粗绸，而用清水丝绵打成的绵线，织出来的就是细绵绸。细绵绸柔软均匀，透气性能极好，旧时都用来做被面和夏天穿的绸衫。老底子这一带有头有脸的男人在夏天都会穿绵绸衫，既透气又凉爽。丰子恺先生说他自己穿的就是这样的绵绸衫。而这一带地方的大姑娘出嫁，其陪嫁物品中的被子，肯定有一条或两条是用绵绸做成的被面。可见绵绸在当时这一带水乡地区是一种非常流行的面料。不信可去问问，现在运河街道一带60多岁的蚕乡妇女，她们做新娘子时陪嫁的被子中肯定会有着一条用细绵绸做被面的被子。当然，是不是还保留到现在，就很难说了。

运河街道这一带，旧时是余杭的主要蚕桑产区，也是清水丝绵的主要产区之一。长期以来，这里一直流行着一些清水丝绵再加工的习俗，

农村妇女打绵线   尤源海　画

人们习惯于用丝绵来加工成绵线织成绵绸。这个用丝绵加工成"绵线"的过程，在这一带蚕乡，叫作"打绵线"。打绵线，是把已经做好的丝绵絮打成一根长长的细线，类似于绵纱，这一根长长的细线称作"绵线"，用来织绸，织出来的绸称作"绵绸"。绵绸软滑，做被面最佳。由于这细绵绸在当时是一种流行的面料，故这一带农家除了织土布外都还有自行织绵绸的传统。他们把自己蚕桑生产中得到的茧子做成了丝绵，再将丝绵打成了绵线，最后，又将绵线织成了绵绸。这些织成的绵绸，绝大多数是自用的。也有的农家将织绵绸作为一种家庭副业，织成绵绸后拿到市场上去卖，以赚取一点辛苦铜钿。

由于绵绸旧时在这一带极受欢迎，故为织绵绸提供原料的"打绵线"习俗也极为流行。至今为止，这一带的老年妇女中，会打绵线的还比比皆是。说起当年的"打绵线"，她们如数家珍，历历在目。

"打绵线"所需要的工具不多，一共只有两件。一件叫"圆子竿"，就是丰子恺先生在《三娘娘》随笔中所写的"锤子"。这"圆子竿"是用一根和筷子差不多粗细长短的竹竿制成的，竿子的下面穿着几只清代的铜钿，铜钿数量一般均只有五六只，没有《三娘娘》随笔中所写的"十余枚"之多。套上这些铜钿的目的是使这竿子具有一定的重量，能将线垂直地拖下来。这根竿子的中间套着一根芦管，这芦管是用来绕线的。在竿子的上方，即套着芦管后露出的部分，斜刻着一条条的螺纹线，螺纹之间的间隔较大，一直刻到竿子顶上的圆孔正中。另一件叫"绵线杆"，也就是丰子恺先生在《三娘娘》随笔中所写的"绵叉梗"。这是一根用梅树或其他硬质木材的细枝条削成（有的不用削）的约 120 公分长的木棒，刨得十分光滑，并在细头的一段装上一个用黄铜制作的丫杈，这是用来架棉絮用的。这圆子竿和绵线杆制作好后都要用油漆漆过，以盖住其本来的木头色泽，这一带在油漆这些"圆子竿"和"绵线杆"时，都通行用红色的油漆来漆。有趣的是，这些农家妇女打绵线时使用的工具，有的还是当年她们做新娘子时的陪嫁呢。从结婚陪嫁打绵线的工具这个小小的细节上，可以看出这一带乡民对于打绵线的重视程度，也可以看出当年打绵线、织绵绸在这一带农家的普及程度。

在运河街道这一带，老底子各个村落都流行"打绵线"，凡是"打绵线"者清一色都是些中老年妇女。打绵线时，先要将"打绵线"的主要工具"绵线杆"固定起来，这个固定的方法是非常随意的，由着自己的想法来，并无统一的方法。看那些打绵线的妇女们，固定"绵线杆"的方法各式各样，有的是将"绵线杆"插在饭桌上的规档里，有的是插在门框上的锁眼里，还有的则更随意，顺手将"绵线杆"插在自己的裤腰带上……

固定好"绵线杆"后，则拿来要打绵线的丝绵絮，把它架在"绵线杆"顶上的那个铜丫叉里，然后用手从架在铜丫叉上的丝绵絮里捻出一根线头来，再将这根线头顺着"圆子杆"上的螺纹绕到芦管上。然后用手指捻一下"圆子竿"，让"圆子竿"转动起来。"圆子竿"一转动，那从丝绵絮上捻出来的线便顺着"圆子竿"上的螺纹绕到了芦管上。再将"圆子竿"放下，让它悬空地悬挂在"棉线杆"上。接下来伸出一只手来，慢慢地牵引从那丝绵絮上引出来的绵线，引一下，随即旋动下"圆子竿"。由于它的下面挂着铜钿，有一定的重量，会随着旋转往下坠地，等"圆子竿"将要碰到地上时，伸手把"圆子竿"拿起来，回一下线，那丝绵絮上捻出来的棉线便会立即随着"圆子竿"的旋转而绕到了套在"圆子竿"上的芦管上去了。就这样，打绵线的人不断地重复着上述的动作，来回往复，周而复始，等一个芦管上的线绕满了，便将这绕满线的芦管取下来，重新换上一节新芦管，继续打线。这些绕满了一芦管一芦管的线，就是用丝绵纺成的绵钱，就是织绵绸所需的主要原料……

"打绵线"虽然并不是一个季节性的活，它对时令节气并没有什么要求，随时都可以打，但旧时这一带农村妇女"打绵线"的时间还是相对比较集中的，基本上集中在每年的夏天和秋天。这是因为"打绵线"的手艺主要是靠操作者的手指去捻动"圆子竿"，让"圆子竿"旋动而捻出丝绵絮上的线。由于春天和冬天这两个季节手指上的皮肤比较干燥，捻动"圆子竿"时不太方便，而在夏天和秋天这两个季节，手指上有油有汗，轻易地就能捻动"圆子竿"。大概是由于这个原因，故这一带的蚕妇们往往都集中在夏天和秋天这两个季节的时候来"打绵线"。打绵线的时间段往往会是在每天的下午，因为此时中餐吃好已收拾干净，而晚餐还未开始准备，对那些家庭妇女来说，时间上正好是个空档。故她们往往会三五个人聚在一起，一边聊家常，一边打绵线。

20世纪80年代之后，随着改革开放的深入，这一带农村经济的发展速度大大加快，原本农村中的家庭副业一下子快速演变成了家庭工业，不少人家都购买了绸机开始织绸。一时间，家庭工厂在这一带乡间开始遍地开花，并大多以绸机织绸为主。一时间，这里形成了区境内丝绸被面的主要产地。也就是从那个时候开始，织土绸的现象在这一带逐步减少了，并随着时代的变迁，到现在已彻底消失了。同样，没有了土法织绵绸的需求，那为生产织绵绸所需原料的"打绵线"习俗，也开始淡出了人们的视线。如今，只有在展示旧时蚕乡风情的活动中，你还有可能看到那种当年"打绵线"的场景。

清水丝绵的主要作用其实是御寒保暖，用来打绵线、织绵绸只是蚕农们对清水丝绵的一个再利用罢了。所以，这一带蚕农们制作的清水丝绵除了极小一部分拿来"打绵线"外，大部分都是拿来出售或者是自己翻丝绵袄、丝绵被用的。所以，对于清水丝绵的使用，除了上面说过了的"打绵线"外，还有一个名为"翻丝绵"的独特民俗。

"翻丝绵"是指用清水丝绵来翻制成丝绵袄、丝绵裤或丝绵被。"翻丝绵"一般都是要到了天冷的时候才翻的。每年一近冬季，天刚刚开始要冷起来，人们便想到要置过冬的衣被了。此时便到了"翻丝绵"的辰光，于是家家户户开始陆陆续续地翻起丝绵来了。"翻丝绵"这个活一个人对付不了，需要两个人动手，先在室内的正屋内或室外的空地上用两只条凳搭起一只竹榻板（也有用并排两张八仙桌的），然后把要翻的东西放在竹榻板（八仙桌）上，再拿起丝绵，将一个个袋形的丝绵用双手撑开，挖出一个小洞。然后两个人隔着竹榻板（八仙桌）面对面各自将手伸进丝绵中刚挖的那个小洞，用力将丝绵拉断拉开。这样拉开的丝绵，俗称一个"丫儿"。一个"丫儿"即一帖，翻丝绵被时每40来帖左右便要贴上一小块纸片做个记号，称作"一肖"。如果是翻新娘子的绵被，那这个小纸片就必须用大红纸来作记号，以示喜事。一般来说，一斤丝绵正好翻"一肖"，翻一条五斤重的丝绵被，则需要五斤丝绵。翻丝绵袄时，由于需要的丝绵少，其"肖"的计算方法也有所不同，一般十个"丫儿"即为"一肖"。

丝绵袄和丝绵被虽然是御寒保暖的佳品，但也存在着一个明显的缺点，那就是旧了之后丝绵容易发掇（板结）和自然消耗，一发掇就会影响到保暖效果。所以这些丝绵袄和丝绵被往往两年工夫就需要重新翻一次，考究一点的甚至一年一翻。在翻的过程中把发掇的丝绵重新扯松，

翻丝绵　　　　　　　　　　　　　　　　街道文体中心　提供

恢复它的保暖功能。在这样重新翻的时候，往往都要添加上若干的新丝绵。这一下又大大增加了这丝绵被、丝绵袄的成本，故民间也会有"置得起，翻勿起"之说。

"翻丝绵"看看很简单，其实却是一种技术活。正如一句俗语所说，"看看不值钿，学学要三年"。所以"翻丝绵"时一般均请内行的中年妇女来干，大都只请一个人，自己作个帮手。请人翻丝绵大都是属于亲邻帮忙性质的，不用付工钱。只有碰到翻新娘子的绵被绵袄，那是要送一只红纸包的。

现在御寒的物品多了，什么太空绵、弹力絮名目繁多，但在这一带的老年人中间，还是喜欢用丝绵御寒，喜欢穿丝绵袄，盖丝绵被。所以，这"翻丝绵"的习俗，每年冬天在运河街道这一带镇乡还时有所见。近几十年来，有不少农家妇女随子女在城镇安了家，她们也把翻丝绵的技术带到了城镇，有的甚至还在城镇里弄开起了翻丝绵的专业店铺，深得周边年轻一代的欢迎。

纺纱织布磨豆腐

老底子啊，运河街道一带的百姓，除了"做田庄"干农活之外，为了补贴家用，他们还会做一些家庭的手工业，这些家庭的手工业大都是自家所出产的农副产品的再加工，从而提高农副产品的价值。这些加工农副产品的家庭手工业，大都是家家都会做，并且通过家庭传承的方式，一代又一代地传承了下来，为自己家庭的物质生活创造了一定的财富。

但是，这一带也有一些人，起初也是因家庭生活之需才从事一些加工类手工业的，但由于他们所从事的技艺并不是人人都会，于是便慢慢地看到了这一技艺所拥有的商机，然后他们便逐步走上了专业从事此项技艺的道路，成为一个手艺人。这一类主要人员是那些匠人，这些匠人凭借自己的技艺，逐步不再做田庄，开始凭借自己的手艺专业从事手工业生产。

下面，我们分门别类地叙来。先来说说农副产品的加工。

要说家庭农副产品的加工业，首先就是对蚕茧的加工了。运河街道一带旧时是临平地区的蚕桑主要产地之一，几乎家家户户都养蚕，并且一年中有的要养好几季蚕。在机械缫丝厂出现以前，这一带是没有茧行收购茧子的。只是到了民国之后，随着机械缫丝厂的兴起，各地才纷纷出现了茧行，向蚕农们直接收购茧子。所以在民国以前甚至更早的时候，每当蚕熟茧成，这一带的养蚕人家需要把蚕茧缫成了丝才能去卖钱，才能得到蚕花的收入。于是，每当蚕熟茧成之后，家家户户便开起了手工作坊，搬出了缫丝机和行灶，自行缫丝，对新收获的蚕茧进行加工。这些对蚕茧的加工过程，是当地最大宗的也是最早出现的农副产品加工业了。

南宋嘉泰年间（1201-1205）已有《蚕书》记载养蚕之事。而实际上开始养蚕的时间肯定还要早得多。据"百度"《蚕的历史》载：夏代以前已存在蚕的家养，从桑树害虫选育出家蚕，创造了养蚕技术。商代设有"女蚕"，为典蚕之官。历代以来，蚕桑最兴盛的地方也就在长江以南的苏南浙北一带，其中，包括现运河街道范围在内的杭嘉湖平原地区是著名的湖丝主产区。明代戴澳《五杭道中》有句"桑秃蚕销假，菰香妇饷田"。可见在明代时，境内的养蚕业已非常普遍。稍有点养蚕经验的人都知道，蚕茧收获后要及时加工，主要是要防止蚕蛹成蛾后咬破茧壳使茧子成为废品。因此加工前先要把茧子煮熟以杀死蚕蛹。之后的茧站将茧子收购后必须及时烘干也是同样的道理。根据以上情况，可以推断出在养蚕业兴起之时，蚕茧加工业（包括民间丝织业）即随之相伴出现，并且与之共同存在，世代延续。因此说，运河三乡范围内的蚕丝加工业历史已非常悠久。这些蚕茧土法加工所产的主要品种就是土丝和丝

传统缫丝图   尤源海　画

绵。而直至民国初期周边（如塘栖等地）市镇出现机械缫丝厂后，土丝生产才逐渐淘汰，代之以茧站收购茧子后由缫丝厂生产厂丝。但清水丝绵的制作以及打绵线、织绵绸的传统技艺在民间依然存在和延续。

而对蚕茧的加工，新收的蚕茧除了拿来缫丝外，还会有一些双宫茧、乌头茧、搭壳茧之类的次品茧，对于这些次品茧，蚕农们也有加工方法，他们把这些次品茧拿来制作清水丝绵。这缫土丝和制丝绵，应该是这一带最早出现的农副产品加工业。由于这两项我们在前面"你缫土丝我制绵"一节已经作过详细的介绍，故在此就提及一下而不再展开介绍了。

这一带还有一项较为大宗的农产品加工类的手工业，那就是纺纱织布了。纺纱织布的原料是棉花，也就是说，纺纱织布是围绕着棉花而衍生出来的再加工。这纺纱织布与前面提及的缫丝有所不同，缫丝的主要目的是为了卖丝换钱，让蚕花生产落到实处，换取经济收入，用来补贴家用。因此旧时有"一季春蚕吃一年"之说。而纺纱织布的目的却不是为了换取经济收入，它的主要目的是为了家庭生活的需要，所织成的布称土布（俗称"杜布"），往往都是自用，用来添置家人生活中所需的各类服装、棉被等物。当然，也有的人家织的布会比较多一些，布多了，自家用不完，也会拿一部分到集市上去出售，换取些收入。

纺纱织布，在这一带农村中也由来已久。它是伴随着棉花的种植而产生的，是一种对棉花的加工业。棉花，原产地在印度和阿拉伯，我国的棉花大约是在南北朝时期传入的，当时大多在边疆一带种植。而大量传入内地是在宋末元初时期。当然，棉花传入中国也已经有了悠久的历史。运河街道这一带虽然不是棉花的主产区，但在旧时也有棉花种植。也正是因为有了棉花，才产生了纺纱织布这项传统的手工业。

在民间，百姓们认为各行各业都是有个相应的祖师爷的，这纺纱织布当然也不会例外。而这纺纱织布的祖师爷，民间认为是个女人，她就是宋末元初时期的黄道婆。黄道婆是松江府人，从地理位置上来说离这里并不是太远。相传她因家贫从小就给人做童养媳。那户人家对她很不好，处处虐待她。时间一长，她实在受不了这种虐待，萌动了出走之心。一天晚上，她又被丈夫毒打了一顿，这下，使她下决心非出逃不可了。当天晚上，她乘着天黑翻窗出逃，逃到了黄浦江边一艘海船上躲了起来。她刚上船不久，那艘海船就出海了。就这样，黄道婆阴错阳差地随着那艘海船流落到了今属海南三亚的古崖州。在那里，由于早就引入了棉花种植，那里的黎族女子对于棉花的处理有着一整套在当时较为先进的纺织技术。黄道婆看到那些黎族女子心灵手巧，能将棉花纺成纱，然后又将纱织成布，便产生了学习之心。她与那些黎族女子结成了姐妹，向她们学习先进的纺织技术。几年下来，黄道婆便成了一个纺纱织布的高手。黄道婆在海南古崖州居住了40年之久，晚年，她觉得要叶落归根，于是便返回家乡。她回到松江后，发现家乡的纺织技术十分落后，于是便把她学到的黎族女子的先进纺织技术一一传授给家乡的妇女。同时，她还改良了家乡用于纺纱织布的相关器械。黄道婆的这些作为，使江南一带的纺织技术一下子得到了迅猛的发展。因此，黄道婆也

车桥头弹棉花店　　　　　　　　　　　　　　　　　尤源海　画

就被人们敬为纺织业的祖师。

说起纺纱织布，首先即是纺纱。其实光是这纺纱也有着好几道工序，首先要对收获的棉花进行前期的处理。这处理棉花的步骤大致有四：一是晒干，二是去籽，三是弹絮，四是筒条。棉花从地上采摘回来后就进入第一步骤"晒棉花"，将棉花放到太阳底下去晒。连续晒几天太阳后棉花干燥了，便可进入第二个步骤"去籽"。最早的、传统的剔除棉籽的手法非常落后，是用手去挖的，把棉籽一颗颗地从棉花里挖出来，十分缓慢又十分辛苦，一天时间也处理不了多少棉花。后来，人们开始改良，手持一根光滑的小铁棍，把籽棉放在硬而平的捶石上，用铁棍去擀挤棉籽。这个方法虽然比手挖棉籽要先进了不少，但还是不太方便。再后来，黄道婆在这个铁棍擀挤棉籽的基础上发明了"轧棉机"。这个"轧棉机"用四块木板装成木框，上面树立两根木柱，柱头镶在一根方木下面，柱中央装着带有曲柄的木铁二轴，铁轴比木轴直径要小一点，两轴的粗细不等，转动起来速度不同。操作时，向铁木二轴之间的缝隙里喂入籽棉，然后摇动曲柄，棉絮、棉籽便会迅速分离落到两轴的内外两侧。"轧棉机"的诞生，使当地百姓在棉花去籽上大大解放了生产力，去籽的速度比原先快了不知多少倍。"轧棉机"出现后，人们又不断地对其进行改良，又从手摇改成了脚踏，这一下，操作时更方便了。在运河街道这一带，老百姓将"轧棉机"称作"轧机"。纺纱前先把晒干的带籽棉花放到轧机中去轧，一只脚踏，一只手放棉花，一边轧出来的是籽，另一边送出来的是棉花。民间流传的歌谣中的"前面吐出杏桃核，后面吐出牡丹花"，正是形容这"轧棉机"轧棉花时的场景。

轧好的棉花，还是一朵一朵的，必须进入对棉花前期处理的第三个环节"弹絮"，即是将已经去了籽的棉花弹成蓬松的棉絮。弹棉絮时用一张弹棉花专用的大弓，弓上用一根弦线拉紧，然后一手用木椎柱敲打着弦线，把棉花慢慢地弹成了棉絮。棉絮弹好后要进入处理棉花的第四个环节"筒条"（俗称"筒棉花"），即将棉絮筒成棉条。"筒条"时，先将棉絮拉成一条条，再把它筒成一根一根的棉条，筒棉条时，右手握住一块形似平锅盖并带把的长方形木板（当地人俗称"帮盖"），左手捏住一根筷子粗细约长 50 厘米的圆竹竿子。然后把蓬松的棉花均匀地铺成约 40 厘米长、10 厘米宽的长条。再用左手把竹竿压在棉条中间，再以右手用力在平整的锅盖下面筒卷，经过反复搓筒，抽出竹竿即成圆棉条。将棉花筒卷成一根根棉条后分成把扎好存放，对棉花的前期处理工序就全部结束。接下去，这一根根的棉条就可以拿来纺纱了。

纺纱，需要用纺车。这一带乡民们纺纱用的纺车基本上都是木制的单锭手摇纺车，多锭的及脚踏的纺车似乎并不多见。由于纺纱时是由手摇进行，故这一带乡民又把纺纱叫成"摇纱"，把纺车叫成"摇车"。

这一带常见的手摇纺车由木架、锭子、绳轮和手柄 4 个部分组成，这些纺车都是在清代及民国时期添置的，一代一代地传承了下来。纺纱时，先在锭子上套好芦管（也可用笋壳做），再将棉线头放上芦管，右手摇动轴头转动，从而带动锭子转动，左手拉长棉条，使之出纱。纺出

摇纱 　　　　　　　　　　　　　　　　　　　尤源海　画

的纱即刻缠绕在芦管上面，然后一层一层地摇上去，待积成了一个纺锤形的芋子后就除下芋子，换一根芦管继续摇。这纺纱是织布的前一道工序，纱纺得好坏直接影响到织出来的布的质量。故纺纱时都十分细心，讲究纺出来的棉纱要均匀，为下一步织出好布打下基础。

纱摇好后在织布前还得对纱进行处理，称作"浆纱"。按纱的数量准备好面粉（一般按一斤纱二两面粉的比例）烧一锅薄薄的面浆水，然后将纱放进这面浆水去"浆"。这"浆"的过程，即是将棉纱浸在面粉糊中趁热反复搅拌揉踏，使之充分吸收。浆过后要把纱一绞一绞地摊挂在晾竿上晒干，晒时要绷一绷，使纱线挺直，不能让纱线乱成一团。晒干后的纱用摇车纺到筒管上，就可以用来经纱织布了。

所谓"经纱"，即是把一个一个缠满棉纱的筒管竖放在"经场"上同时抽头以完成整匹布经线的过程。"经场"是一个分上下两层的竹架子，分别插有上下两层缠满棉纱的筒管，操作时两头大多架在竹椅子上。至于需要多少筒管和如何插色，需要事先计算好，并在经场上排列好纱筒管。然后统一在每一个筒管上抽头并成一束棉纱，将这一束棉纱依次来回缠绕在多条长凳相接两端（各横放一条长凳，凳外斜放若干小棒）的棒头上。待到经线达到预定的数量（一般指与筘齿数相等），"经纱"即告完成。

接着是"穿经"，即是把一根根的经线分别穿过竹筘。这竹筘的根数与经纱的根数要一致。穿经要十分细心，一般两人操作，不可重穿和漏穿。次序和插色也不能错乱。然后是"上轴"，即是把经线绷紧缠绕到经轴上去的过程，需要在轴两端分别有一人用竹洗帚刷顺经线过筘。一人紧拉经线尾端（或用较滑软的旧衣物裹住经线束再在上面压一块磨盘石以使渐渐放出），随着上轴的进度逐步放出经线。上轴时，要随时在轴上添加小棒以使经线能绷紧在经轴上。待到全部经线都上机后，经线已可紧绷在上下两个轴上（上下两个轴都有撬紧设置）。这时就需要"上综"。"上综"即是把每一根经线分别穿入综线的上下两片综片的线圈中，以使每一根综线能够一致地随着踏脚木板的上下移动而移动，以便梭子带着纬线在上下开合的经线丛隧中来回穿行而织成布。待到4块综都穿完成，就可以上机织布了。

旧时，农村妇女基本上都会织土布。条件较好的人家，一般每房子孙都有一台织布机。织布，也是衡量农村姑娘家聪明贤惠、勤劳能干的标准之一。所以，旧时农村姑娘到了十来岁的时候，都开始跟着母亲学起了织布。

织布的机器乡间俗称"布机"，与纺车一样也是全木结构。相传这布机也是经过黄道婆改良设计的，除了一块竹筘以外，其余结构都是用优质杉木通过锯、刨、打榫头做成。由织机底床、前（布）轴、后（经）轴、扣臂、竹筘、综线、撬棍、搁尺（幅撑）、坐凳板、踏脚等部件组成。

前轴主要用来筒织好的布，一头有四个相称均匀的圆眼，用来插撬棍以绷紧前后轴之间经纱线。前轴用两只竖插的木耳朵，固定在机架的上方。竹筘嵌入可以活动的筘框内，筘框两端以绳吊在两边，可以来回

织布图   尤源海　画

移动织布。拉动竹筘，碰紧布的纬线，以踏脚调动上下各两块提综。

分别调动两层综线，待在织布机前上方的小轴上，靠踏脚板调动提综，幅撑主要是撑紧布面用的。操作时脚踏左脚板，两层纵线就会在筘前分开，右手拿梭往左穿过去，纬线就会随木梭带过去。脚踏右脚板，同时松左脚，右手板竹筘一碰，纬线就紧贴着一根纬线。如此来回操作，布机就会连续发出有节奏的响声。行人经过这个地方，老远就会听到有人在织土布的声音。

除了上面所说的那些随着农副产品的加工而诞生的家庭手工业之外，旧时境内的乡村还有一些专业的手工业者。他们或者是没有田地，靠手上的技艺吃饭；或者是有田地的，一开始也只是为家庭所需做一些手工艺活，后来逐步认识到这一技艺有钱赚，于是慢慢发展到专门从事手艺了。在运河街道，这些靠手艺吃饭的手工业者主要有铁匠、木匠、竹篾匠、泥水匠、船匠等各种匠人，也有些以手艺经商的如磨豆腐、刨老烟、摇船等。

这些手工业从业者的存在，也产生了各种相应的习俗。

先来说说铁匠吧。铁匠，在这一带俗称为"打铁师傅"。过去，老百姓在日常生活和生产中，时常需要一些小型的铁器工具，如做田庄所需的铁耙、锄头、镰刀（俗称"铦子"），生活所需的菜刀、火钳等。这一些小农具、小工具或生活用具，都是由铁经过锻打制成的。而且这些小农具、小工具时常会坏，其使用寿命并不是太长，时常需要更新。正因为人们有着这方面的广泛需求，因而，也就产生了铁匠这个行业。

在运河街道一带，"打铁师傅"一般都在自己的家里设炉锻打。打铁，需要的工具不多，主要有一只炉子，一个风箱，一个铁墩头，外加钳子、锤子等。这一带的打铁师傅往往都是一个师傅再带上一两个徒弟作帮手。这些铁匠铺子，一般都是用煤作燃料，用风箱往炉中鼓风，助煤燃烧。打铁时，徒弟拉着风箱，将炉子烧旺，师傅将铁块用钳子钳着放在炉子里烧，等烧到一定程度，便放到铁墩头上，师徒两人一前一后

南街打铁店   尤源海　画

地锻打。锻打时，师傅根据所需要打的工具的形状，不停地用钳子将那铁块更换角度。打一会儿，铁块温度下降，硬了，不容易打了，于是继续放到炉中加热，等加热后继续锻打。

　　老底子的打铁师傅主要是打一些小农具、小用具放在铺子里出售。同时，也会根据客户需要来定制一些有特殊要求的用具。运河三乡地属水乡，船只较多，船匠打造船只时需要用到许多船钉。因此，各种规格不同的船钉也是这里铁匠们生产的主要产品。打铁需要有较大的力气，同时又因为长期在火炉的高温前操作，又热又累。所以打铁这个行当很苦。过去有一句老话话，叫"天下第一苦，摇船、打铁、磨豆腐"，可以说是旧时手工业生产者苦难生活的生动写照。

　　再来说说木匠。木匠是个大类，这一带的木匠大致可分成三种。一种是造房子的木匠，他们在造房子中负责梁、柱、门、窗的建造，这种木匠乡间俗称为"大木"。另一种是做家俱的木匠，他们专门负责制作家庭生活中所需的各种用具，如眠床、桌椅板凳、橱柜木箱、脸盆架子等等，这一类木匠乡间称作"小木"。还有种木匠，专门负责在木器上雕花,如梁上的牛腿、床上的装饰等等,这类木匠又被称作"细木"。在这一带的木匠中,"大木""小木"都有,而"细木师傅"几乎没有,有需要时都是去请外面的细木师傅来做。木匠中还有一种专门负责造船和修船的,他们被称作"船匠师傅"。由于这一带"造船"称作"打船",所以"船匠师傅"又被称作"打船师傅"。过去还有种专门做棺材的,由于他们也是和木头打交道,故同属木匠这个大类,但又由于具体做的产品不同,被称作"棺材师傅"。在所有木匠这个行业中,只有"棺材师傅"是开有店铺的,他们都是在自家的店铺中打造棺材。因为没有人会请他们去上门制作棺材,这多么不吉利呀。而木匠这个大类中的其他师傅,都是上门为客户服务的。

这里的木匠师傅与"打铁师傅"不同,除了那些做棺材的外,其他的木匠都不在自己的家里设个铺子,而大多是"吃百家饭",谁家有需要就到谁的家里去做。特别是一些较远的或外地请来的师傅,有时吃做都在东家家里,一直到把活做完才背上工具起身离去。无论是大木、小

木匠师傅   尤源海 画

木，还是细木，甚至连打船师傅，大多如此。

木匠师傅给东家干活，大多还有个帮助选材的任务。绝大多数的东家都是请了木匠师傅后再让木匠师傅一起去帮忙选材料的。木匠师傅会根据要做的物品来确定材质。比如，打船需要的是老杉木，而不能用杂木。

说起木匠师傅，还得说一说鲁班。木匠师傅的祖师爷是鲁班。但鲁班是个仙师，他不但创下了木匠这个行当，还创立过不少其他行业。但是民间认为，鲁班虽然创立了不少行当，但只有木匠这个行当是他的嫡传手艺，所以木匠师傅用的尺称作"鲁班尺"，弹木线用的墨斗称作"班母"。于是，木匠师傅是诸多手艺人中人们最不敢得罪的一种手艺人。民间认为木匠师傅得到了鲁班仙师的真传，他们（特别是造房子的大木师傅）会作一种法，叫"鲁班法"（本地俗称"隐压"），只要他在所干的活计中稍微搞点小动作，作点法子，那么，你新造的房子，新做的眠床看看很好，可住进去后（或用起来）就会不大太平，家中就会不安耽。这种情况故事里说的较多，而实际上是很少见的。所以，主人对于来家中做生活的木匠，往往都是盛情款待，餐餐都用好酒好肉招待，生怕一不小心得罪了他们就有苦头吃了。

旧时，除了用木头来制作各种实用工具，人们还喜欢用竹子来制作各种实用工具，几乎凡是用木头能做的东西，在那些能工巧匠手里，换成竹子，照样能做起来，甚至是盖房子，照样也能用竹子造一间出来。人们对竹制品的需求，催生了竹篾匠（境内多称"圃匠"）这个行当。也许是运河街道这一带不产毛竹的缘故，这里的竹篾匠最早都不是本地的，大都是从上八府过来的。时间长了，他们在这里生活得不错，便在这里落户了，有的还带起了徒弟。竹篾匠这个行当，与木匠中的大木、小木一样，其实是两个行当，可分成竹匠和篾匠。竹匠干的是粗活，类似木匠中的大木，干的是将毛竹进行直接加工的活，比如搭竹棚、做梯子、竹橱、竹柜、竹椅子、竹床、竹箱子等。而篾匠干的是细活，类似木匠中的"小木",他们干的是对竹子的精加工,他们先把毛竹劈成篾条和篾丝,再用这些篾条和篾丝来加工成各类竹制品,如竹篮、竹筐、竹席、竹匾、竹托盘、竹提箱等。竹篾匠都是从小学起,拜师学艺,无论是制作什么,首先都是破竹子,将竹子斜靠在凳子上,将篾刀吃住竹子一端的中央,然后将竹子提起来,放地上狠狠一顿,篾刀顺势使劲向下劈去,只听"啪—啪—啪"几声,毛竹便分成两块。中间如果有枝节阻隔并咬住篾刀,一时难以一气呵成的,手上还要再加把劲,就像鞭炮炸裂,"劈里啪拉"几下,竹子就迎刃而解。俗话说的"势如破竹"就是这样来的。接着,要根据竹编物品的大小和长短,锯好竹料。然后将一段段毛竹劈成篾片,再劈出篾黄、篾青、篾丝等。竹片内壁部分和竹梢、竹蒲头一般不用,大多作为柴料。篾黄硬而易断,处竹的内壁多作柴料。次青一般仅作编竹笭皮、竹箅、畚箕等较粗糙的产品,近竹皮部分弹性好的篾丝适宜精加工,可做席子、篮子、软盖、蚕匾、箩筐(境内称"脚箩")等。境内的竹匠大多仅能制作一些较粗糙的制品。而西部山区

扁匠师傅   尤源海　画

的一些竹匠，有的能够制作出极精美的竹器用品及精细工艺品。

竹匠师傅劈篾条都是细巧活，不仅手脚并用，还要以嘴巴配合。劈出来的细篾条得用嘴巴咬住，用脚踩住，顺势一边拉一边慢慢后退。因此篾匠的嘴唇特别厚，双手布满老茧，每有伤痕，手指特别粗糙，常常开裂。做篾匠的辛苦还包括要长期蹲在地上做生活，在篾匠中旧时有句通俗的话，叫"三年学徒四年半作，学成之后蹲着做人"。长时间蹲着做活使老篾匠留下了两个职业印记，即驼背和罗圈腿。

乡间常见的手艺人还有一种是泥瓦匠，俗称"泥水师傅"。旧时乡间的泥水师傅用现在的话来说都是兼职的，因为泥水师傅干的活主要是造房子，其次还有打灶头，以及房子久了屋顶有碎瓦漏水，需要去翻漏换瓦。他们所干的这些活大都是一劳永逸的，比如造房子，造好了起码得住几十年吧。所以，他们的活都不是经常有得做的，往往一年中也只有屈指可数的几次。所以，他们有活干的时候出门去做泥水，没活干的时候就在家里做田庄。因此，泥水师傅与前面谈及的铁匠、木匠和竹篾匠相比，要显得活少很多，简直是没有可比性。旧时的泥水师傅，如果想光是靠这泥水手艺吃饭，别说养活家人，就连自己一人也很难养活。但是，尽管如此，这一带还是有"泥水师傅"这个群体存在，因为百姓的生活还是离不开这个行当。

旧时，还有一种手艺人是从事理发的，乡间叫"剃头师傅"。老底子剃头师傅有两种，一种是有店面的，开了间"剃头店"；另一种是挑着一副担子剃头的，称"剃头担"。理发业的祖师爷在乡镇上有两种说法，一说是吕洞宾，另一说是罗祖，但以吕洞宾的说法为主。剃头业过去被公认为是"三百六十行"中的第一行，一般的剃头店中均张贴有"大事业头上做起，好消息耳中传来"的对联。

理发业中行话颇多，同行们交流均用行话相互闲谈，旁人听了摸不着头脑。如剃光头叫"木龙"，平头称作"平草"，西发则叫"西草"，并用"狮、象、麒、麟、猊、豹、鹿、狼、狐、□（缺一字）"十个字来替代"一、二、三、四、五、六、七、八、九、十"这十个数字。新中国成立后,随着个体理发业走上了合作化道路,理发业中的行话才逐渐废弃。旧时,理发业还有些上门服务项目,一为剃婴儿满月头,二为剃青年结婚头,这两项服务均有红纸包进账,有的还有餐酒饭好吃呢。

旧时,乡间还有一种替人做衣服的手艺人,乡间称"裁缝师傅"。老底子的裁缝师傅开店的很少,大都是上门为顾客做生活。人们把要做的衣服攒攒多,到时候请个裁缝师傅到家里来一起做,叫做"供裁缝"。过去的裁缝师傅是很受尊敬的,据说是裁缝因为替皇帝做过龙袍,所用的尺和熨斗都被皇帝圣旨口封过的,故可以使用"龙"的图案。所以,裁缝桌又被叫做"龙头桌"。裁缝到了顾客家中,那裁缝桌必须搭在上首(左边)的位置上。听老辈人说,裁缝在做生活时,如果外面有官员进来,裁缝都可以继续坐在那里不站起来呢。由此可见,旧时裁缝还是颇有地位的。老底子,乡民们平时不做衣服,做衣服大都是集中在一起做的,一年到头一般只做一次。所以裁缝到人家屋里做生活,起码做一

剃头店里取风图　　　　　　　　　　　　　　　　　尤源海　画

天，有的甚至要做好几天。遇上到做喜事人家去做生活，做那些新郎新娘的衣服，那么，做好后东家不但要封个红纸包，而且还要请裁缝在喜事那天去吃喜酒呢。

　　其他，还有些手工业是直接从事经商活动的，如豆腐这类的豆制品制作，乡间称作"磨豆腐"。过去那些"磨豆腐"的人家有两种，一种是直接在集市上开有门面，称"豆腐店"；另一种是在家里做豆腐，做好后每天早上挑到集市上去摆摊卖或走村串户地叫卖。

　　豆腐在我国的历史相当悠久，据说是西汉时淮南王刘安发明的。豆制品可以说是老百姓饭桌上一种经济实惠、百吃不厌的佳肴，在百姓的日常生活中是必不可少的。豆腐好吃，但制作却十分辛苦，常常是要半夜起来。故在旧时，人们把"磨豆腐"和"摇船""打铁"一起，列入了"天下第一苦"中。

　　制作豆腐这个行业，一般都是通过家庭传承这种方式一代一代地传承下来的。豆腐是黄豆制品，做豆腐前先要将黄豆进行浸泡。一般来

驴子磨黄豆做豆制品　　　　　　　　　　　　　　　尤源海　画

说，黄豆要在清水中浸泡五个小时左右（冬天略长），黄豆浸过五个小时，浸透了，可以开始拿来磨豆浆了。磨豆腐采用传统的石磨，通常由2人一起操作，即一人用一支砻臂不停地转动石磨，另一人负责添加黄豆和水，将浸透了的黄豆带水磨成豆浆。旧时大一点的豆腐作坊也有用驴子盘磨的。豆浆磨好后，需要过滤去渣，就用一只大布袋灌上磨好的豆浆，然后将袋口扎实，用力将袋中的浆液挤出来，挤到事先准备好的木桶里。浆液挤尽后，松开袋口，将残留在布袋中的渣渣倒出，这个渣就是豆腐渣。豆腐渣一般都做饲料，但用点油放点葱炒一炒，也是一道美味。接下去就是将滤好的纯豆浆放在强风炉子上煮滚，煮滚后再倒进一个按一定比例配好石膏水的木桶里，然后不停地用一支木桨将其搅匀，搅匀后便等着其自然冷却凝结。等这煮滚的液体冷却后，便凝结成了豆腐花，此时需要再进行"加压成形"。取几块大小约 $60 \times 60 \times 4$（厘米）的槽框形木板，板面呈方格状，并各垫上一块白布，然后用贝壳瓢将已凝结的豆腐花舀到几块木板槽框里，用槽框里的白布盖住，再压上一块木板和石头，令其减少豆腐花中的含水量并成形。这样压一个多小时后，搬开石头和木板，并将其反转过来，除去白布，一板乳白色呈方格状的豆腐便出炉了。由于豆腐讲究新鲜，故为了早上能卖，"磨豆腐"的人只好半夜里起来劳作，否则就赶不上早市了。除豆腐外，豆腐作坊里加工生产的豆制品还有豆腐干、千张、素鸡等，加工过程大同小异。

还有一种刨老烟的手艺，也是从家中自需走上商业运作的小手工业。这一带的百姓在民国时及民国以前都抽旱烟。旱烟俗称"老烟"。抽老烟需要一根烟杆，烟杆是一根内节打通的细竹杆，前面装着一个黄铜打造的烟锅，后面装着个黄铜制作的烟嘴。烟杆上还吊着一个用布缝成的烟袋，内装着烟丝。要抽时，打开布袋取出些许烟丝装入烟锅，点燃后就可吞云吐雾了。

抽老烟所需的烟丝是需要用烟叶进行加工的，要将烟叶刨成烟丝。这烟丝的制作加工过程就被称作"刨老烟"。"刨老烟"比较复杂，一

般的人不会做，而且要有相应的工具（主要是刨凳和烟刨），故一些会
此手艺的人便以"刨老烟"为业。老底子的时候，亭趾、博陆、五杭街
上都各有几家或父子相传、或师徒相传的刨老烟店。博陆街上就有一家
世代相传的老烟店，主要经营烟丝。据2008年时的调查，当时82岁的
叶宝根介绍，他爷爷叶阿全在清代时期就在博陆街上开了一家老烟店，
主营各种烟管和烟丝。其中烟丝是他爷爷亲手制作的，并将此技艺传承
给了他的父亲叶兰芳。据叶宝根介绍，他爷爷制作的烟丝，在烟叶的选
用上非常讲究。烟叶有一种是在夏季收割的，另一种是秋季收割的，两
种不同季节收割的烟叶各有特点。夏季收割的烟叶味道相对要凶一点，
而秋季收割的烟叶相对烟味要辣一点。烟叶在桐乡及附近一带都有种
植，叶宝根的爷爷认准了桐乡烟叶，每年夏秋两季赶往桐乡收烟叶。收
回来后先将烟叶在太阳里再晒上一晒，等完全干燥后，再把烟叶上的叶
筋抽掉，把沾在烟叶上的泥擦掉。然后再在烟叶上洒上菜油，一斤烟叶
大致需要二两菜油。这个洒油很讲究，要洒得很均匀。洒好油后，将已

刨老烟的师傅   尤源海 画

经上了油的烟叶一张张叠加在一起然后压紧，装在专用的刨凳上，用一根绳子撬紧。然后双手拿起烟刨，将烟叶自上而下一层一层地刨下来，便将烟叶刨成了烟丝。这些刨好的烟丝，便可用纸分别包装后在店堂上出售了。

到了民国时期，叶宝根的父亲叶兰芳掌店了。当时税收很高，进烟叶时要交一道 40% 的税，卖烟丝时又要交一道 40% 的税。再加上卷烟开始在社会上流行，一些人图方便就开始抽卷烟了，故烟丝生意十分难做。叶兰芳干脆改行做起了其他生意。这个上代手里传下来的"刨老烟"技艺，也就失传了。

旧时以上这些林林总总的手工业，都有个传承问题。除了父传子式的家庭传承外，手工业从业者还有一种师徒传承的形式。这种师徒传承的形式又带来了不少相关的习俗。这里有句老话，叫"家有千金，不如薄技在身"。民间有一句俗语："身有三分技，走遍天下肚不饥。"历来对手艺人比较看重。四邻八乡如果有一个出名的手艺人，就会有不少人去求他要求拜师学艺。老底子拜师，一般都要请一个中间人来充当介绍人。那个介绍人在做介绍的同时还得替那做学徒的当担保人，日后学徒若有什么过失，师傅要拿中间人过问。中间人和做师傅的说妥了后，双方便选一个良时吉日，举行拜师仪式。

旧时的拜师仪式是十分讲究的，其仪式主要由两部分组成。一是行"拜师礼"，二是摆"拜师酒"。这两部分一般都在同一天内分先后顺序进行。拜师时，先行"拜师礼"。行"拜师礼"时，由作保的中间人领着学徒前往师傅屋里或者师傅的工场，先以学徒带去的三牲福礼焚香点烛，拜过祖师爷的神像，然后再叩拜师父、师母，并由中人作保，订立拜师契约。

"拜师礼"行毕后，就要举办"拜师酒"。旧时，"拜师酒"十分隆重，由学徒出资摆酒，一般均在饭店中举办。办拜师酒时，遍邀同门师兄弟入席。席间，师傅出面将新收的小徒弟一一介绍给大家，并说一些师门规矩。学徒的家人也会说些请同门师兄弟多多照顾的话。席散后，学徒家人自行回家，学徒便留在师傅家里，正式开始自己的学徒生活。

旧时拜师学艺，规矩很多，各门手艺均有着自己严格的规定。一般说来，学徒在学艺期间三年之内除去过年（腊月廿五至正月十五）可回家以外，其余时间均不得回家。学徒三年满师后，一般情况下都需再做四年半作。在三年学徒期间，是白吃饭呒工钱，在四年半作期间除了白吃饭外还可得一半工钱。逢年过节，做学徒的须向师父师母送礼。过年时，做师父的也会给学徒一点鞋袜铜钿。学徒在学手艺期间若不听师傅的话被师父赶出师门，民间称之为"被师傅回报（即辞退）"，又称作为"回汤豆腐干"，并将此视作极不光彩之事。

师徒关系向来有着"一日为师，终身为父"之说。师道尊严，自古有之。学徒敬师如敬父。吃饭时，师傅入座后徒弟方可入座，一般均由师傅坐在首位，而徒弟则坐在师傅下首。师傅不动筷时，徒弟绝对不能先吃。师傅吃完饭放下筷子，徒弟也必须跟着放下。所以，旧时做徒弟的，养成了一种吃快饭的习惯。他们第一碗饭盛得不太满，快速吃完后再盛第二碗饭就盛得满满的，然后边吃边留意师傅的动静。要关注随时给师傅添饭，并在师傅未吃完时自己先提前吃完。否则等师傅吃完了你如还没吃完，照规矩是不能再吃了。旧时师徒之间的关系，双方都看得很重，在民间更认为这是一种终身关系。徒弟满了师以后，每逢中秋、春节等重大节日，仍需到师傅家中去拜节。平时若师傅遇上了什么困难，做徒弟的得知后也当竭力去相助。如师傅去世了，师娘还在的话，徒弟仍须在节日期间去向师娘拜节。

旧时的手艺人，因生活的艰辛，生存的艰难，怕徒弟出山（技术学成）后给自己添了个竞争对手，故大都信奉"徒弟带出山，师傅要讨饭"这句俗谚。在向徒弟传授技艺时，不少做师傅的往往都不会全部教你，而是只教你一些大路货（一般技能），那些关键性的绝招却自己悄悄地留了一手。

　　所以旧时那些做学徒的人，若要真正学到手艺，真正想将自己师傅的全部本领学到手，那么，光是被动地等着师傅来教是远远不够的，还必须做个事事主动的有心人，学会随时随地仔细观察，心领神会，举一反三。在师傅干活时，在旁边留神观察师傅的一举一动，并细心地加以分析和总结，从而偷偷将师傅的全部本领学到手。这种偷学，民间称之为"偷来拳头"。

　　过去做学徒期限为三年，三年学徒期满后称作"满师"，"满师"时学徒要办桌酒席请师傅，名为"谢师酒"。"谢师酒"没有"拜师酒"隆重，但却比"拜师酒"场面要大。办"谢师酒"时要将同门的师叔、师伯、师兄、师弟统统请到，一起宴请。那些师门大一点的，要办上好几桌呢。在酒席间，将由师傅出面，简要地向诸位师长介绍这个徒弟的情况，并拜托众位同门在徒弟日后外出谋生时，多多给予方便和照顾。

　　办过"谢师酒"后，意味着这个学徒已经满师了。但按旧时规矩，刚满师的学徒还不可以独立去做生活的，尚需要跟在师傅屁股后面再做四年。这四年，由师傅付他一半工钿，民间俗称这四年为"四年半作"。做过这"四年半作"，徒弟才可自立门户。从某种意义上说此时才真正满师。故人们说起学徒，老是喜欢说"三年徒弟，四年半作"。

　　学徒满了师以后，大都是跟着师傅再做四年半作。但也有的学徒，要另外跟一个师傅去继续学艺。这种另外跟一个师傅去学艺的习俗，民间称之为"过堂"，并将那另外跟的师傅称作"过堂师傅"。旧时候的手艺人，手艺大都是父传子、子传孙的。那些跟随自己父亲的学艺者，三年满师后，基本上都要另择师傅去"过堂"，以便能从中多学到一点套路，这种"过堂"相当于如今的实习。

　　过去拜"过堂师傅"，大多是拜跟自己父亲同门的师兄弟为"过堂师傅"。有的同门师兄弟，干脆互相送自己的儿子"过堂"。当然，拜旁人为"过堂师傅"的也有，但相对来说，要少得多了。

饮食文化美名扬

　　我们的老祖宗想象力特别丰富，千百年来流传下一句老古话，叫"民以食为天"。短短的一句话，却把"吃"上升到了能与这至高无上的"天"相提并论的大事。的确，吃，对于人类来说是第一件大事。无论你职位高低，无论你是男是女，无论你是什么地方人，无论你皮肤长得是什么颜色，只要你想在这个世界上生存，也就离不开吃。因此，"吃"这件看起来似乎是简简单单的事，也就上升到了人类生存的第一件大事。

　　我不知道外国人的老祖宗是用什么样的语言来形容"吃"的重要性的，但我总觉得一句"民以食为天"，已足能显示出我们的老祖宗在"吃文化"表述上语言的精练、概括的到位、描绘的准确。饮食是一件大事，是与百姓生活密切相关的，是谁也离不开的，它也是一种文化。吃什么？如何吃？这和每一个地方的地理环境、生活风俗、物产品类等有着很大的关系。有道是"一方水土养一方人"。我国地大物博，各地所处地理环境、风俗和出产的不同，以致使吃的品类的不同、烹调技艺的不同以及就餐方式的不同等，这种种的不同构成了各地极具地方特色的饮食习俗，从而使得我国的饮食文化更加层出不穷、花样百出和丰富多彩。

　　我们中国人最讲究吃，中国饮食文化之丰富，称得上位于世界之冠。这从遍布全世界的中餐馆就可以看出点名堂来。无论你走到哪里，只要有华人生存的地方，就必然有中餐馆的存在，而当今华人也真正遍布了整个世界。随着多年的打造，中餐受到了各国民众的喜爱。

由于我们的老祖宗们把"吃"当成了一件能与"天"并论的大事，所以，千百年来，长城内外、大江南北，围绕着"吃"，产生了博大精深的饮食文化，让人们说不尽、道不完。

运河街道地处江南杭嘉湖平原南端，是我国主要的水稻种植区，这里的人素来以稻米为主食，讲究"粥饭养人，做活养身"。而小麦类制品，人们则是偶尔用来换换口味而已。

米的种类与稻子的种类有关。据说全世界稻子的品种居然有14万种之多，真有点吓人一跳的感觉。而且之后还时常有新的品种被发现，所以稻子的种类究竟有多少，是个谁也说不清的问题。但在普通百姓中间，基本上只知道三种水稻：籼稻、粳稻和糯稻。还有些因地方命名的，如泰国米、东北米等。籼稻由于是全年第一个成熟的稻米品种，故又称作"早稻"，而粳稻和糯稻成熟要迟，则被称作"晚稻"。这三个品种的水稻出米之后分别被称作籼米、粳米和糯米。对籼米和粳米，这一带人一般则俗称为"早稻米"（又称"天花落"）和"晚稻米"。

这一带百姓均以稻米为主食，所以这里把用餐说成"吃饭"。"民以食为天"，"吃饭"是人民生活的第一件大事。由此导致在老底子并一直延续到今天的民间，熟人相见时常用的问候语第一句话往往是"你饭吃过了吗？"别看这些问候语普通朴素，却深深地打上了那个形成时代的烙印，深深地表达了对"吃"的重视。这里还有句俗谚，叫"粥饭养人，做活养身"，同样也充分说明了"吃饭"的重要性。

与现在相比，老底子百姓经济条件相对较差，受经济条件的影响，在"食不果腹"的饥荒时代，人们对吃讲究的只是"吃得饱"。当时人们贪图早籼米的涨性好、出饭率高和价格便宜，大部分人家平时的主食都以食早籼米为主。偶尔如因家中有人身体欠佳，或遇上逢年过节，才会用晚粳米当主食。现在不同了，经济条件好转，人人都吃得起晚粳米。而且吃的观念也变了，再也不是仅仅讲究吃得饱了，而是讲究吃得好，甚至吃晚粳米还要选择产地、品种等。那些用早籼米煮成的饭因早籼米本身质地的原因，其饭粒比较硬，没有晚粳米煮出的饭来得软滑可口。所以现在早籼米基本已经没有人吃了，都改吃晚粳米了，甚至还有的人改为专吃东北大米，认为那些来自黑土地上的大米要比南方的大米质地更好。

说到主食，传统的吃法大多是一日三餐，称"二干一稀"。即早上吃稀饭，不是泡饭就是粥，中午和晚上吃米饭。但到了农忙时往往成了一日四餐，因农忙时劳动者体力支出大，为了补充体力，在中餐与晚餐之间，往往会再添上一餐，这一餐称作"点心"。说到点心，往往会和包子、烧饼、锅贴、面条等联系起来，但这里说的"点心"其实还是饭，基本上是以冷饭为主（因其时属热天）。称它"点心"只是一种说法，是为了区别它与中饭和晚饭的关系，才把它称作"点心"而已。人们喜欢吃米饭，还有个原因是米饭耐饥。在这一带，流传着一句谚语，叫"白粥半夜面黄昏，南瓜当饭一时辰"。意思是说，吃粥的话到半夜里就肚子饿了；吃面还到不了半夜，黄昏边就饿了；而吃南瓜更惨，只

金色的田野　　　　　　　　　　　　　　　　　　　摄影　褚良明

有一个时辰好过。要吃饱肚子，睡到天亮不肚饥，唯有米饭。此谚语还有不同的版本曰："面黄昏，粥半夜，吃及饭瓜饿通夜。"

主食大致有以下几种吃法：

白饭。即白米加水煮成饭。老辈手里烧饭时有留"饭娘"的习惯，即在上顿吃饭时留下一碗饭，放在下一顿时一起烧。由于加入了上顿的冷饭，在做饭时能提高出饭率，老底子经济条件差，为了能提高出饭率，故家家户户都有这个在烧饭时"铺冷饭"的习惯，并将这加入的上顿留下来的冷饭称作"饭娘"。饭是靠煮出来的，这煮饭的工具在这几十年中也有了很大的演变。老底子，煮饭都是在柴灶上用铁锅煮的。那时候家家户户都打有一副灶头。大户人家都是大灶头，有三眼灶、双眼灶；小户人家则是小灶头，一副单眼灶。一般灶头进柴口外边是灰槽，灰槽一边称"灶窟里"，上灶一边则称"灶头郎"。灶头上端都设有灶家菩萨的小"灶神殿"，内有灶神像，逢年过节定时祭拜（平时一般是农历每月的初一和十五)，称"谢灶"。灶上烧柴的锅子一般十天半月就要

烧饭女孩

尤源海　画

拿出来合扑在地上用锆子刮去锅底煤灰，称为"刮镬子"。灶头都请泥水师傅上门来建，俗称"打灶头"，故此旧时的泥水匠都兼有一手画灶头画的技艺。上世纪六七十年代，境内街道居民和农村小户人家多流行用"扛扛灶"和煤球炉。"扛扛灶"以稻草柴糊以烂泥制成，形似小缸，缸口正好能放上锅子。高约1尺许，正面开一个稍大的进柴（出灰）口，有大小不同的两三个品种。当时在五杭塘口就有外地人老杨一家专事制作"扛扛灶"。而上世纪六七十年代家家户户所用的煤球炉子则大多在供销社瓷席部（或日杂部）购买，煤球则由供销社凭票供应，煤球票每季末由粮站人员按户口随粮票一起发放，仅供应居民户。到了20世纪90年代，电饭煲开始盛行，人们又开始使用电饭煲来煮饭。电饭煲煮饭虽然没有柴灶上煮出来的饭香，但它最大的特点，是方便、简单、安全。到了现在，随着液化气在农村中的普及，村民家中大多已没有过去用的灶头了，人们基本都采用电饭煲或者是高压锅来煮饭。

菜饭。用白米和洗净切碎的青菜加水加盐煮成，因菜与饭煮在一起，故称作"菜饭"。此法由于既省米又省菜，故在旧时颇为流行，有的考究点的人家在做菜饭时先开个油锅炒菜，然后再加水放米煮饭，这样滋味更佳。现时也有人做菜饭吃，但一方面是偶尔换换口味，另一方面也不一定放菜了，而是放入咸肉、笋片等。

泡饭。将冷饭加水煮开即成泡饭，一般均充作早餐。泡饭名堂很透，放入青菜一起烧，就成了"菜泡饭"；放入年糕一起烧，便成了"年糕泡饭"；放入番薯一起烧，又成了"番薯泡饭"。大伏天时，也有人贪图方便，将冷饭直接用开水一泡就当"泡饭"了。

白粥。用白米加六至七倍的水煮成。过去为节约起见，有喜吃粥之俗。粥的做法很多，考究的人家煮粥时放入肉骨头或其他菜肴、豆类等，因其添加菜肴的不同，故有"白粥""肉骨头粥""皮蛋粥""枸杞粥"等称谓。近年来人们注重保养，粥的品种则更见繁多。

油炒饭。冷饭起个油锅加少许食盐炒熟，又燥又香，称"油炒饭"。

有的则加入鸡蛋合炒，即成"蛋炒饭"，"蛋炒饭"则味更佳。

猪油拌饭。刚从锅子中盛出的热饭，拌入猪油，加少许食盐、葱花，食之咸滋滋、香喷喷，称"猪油拌饭"。

除了米饭之外，这一带也吃面食，由于面粉是麦粉做的，故叫作"麦食"。最常吃的"麦食"就是面条了。面条吃法一般分干挑面和浇头面，干挑面就是拌面，将烧好的面条加入猪油、酱油一拌即成。浇头面是在汤面上加上一勺炒好的菜肴，如肉丝、爆虾、素丝、排骨、油渣、羊肉等。旧时民间吃面食还有一种常见的吃法，即将面粉用水搅和后，用汤匙一匙一匙舀入加了"夹头"的沸汤中，那"夹头"就是菜肴，做"夹头"的菜肴大都是些素菜，如青菜、黄芽菜、大白菜之类，条件好点的人家，会在菜中加些肉片、笋片之类，这种麦食被称为"麦疙瘩"。也有人将"麦疙瘩"称之为"麦鲫鱼""麦田鸡"。说来也有趣，现在，民间此种面食已很少见，相反却登堂入室，成了宾馆饭店中的一种风味小吃。至于其他面食的吃法，当然还有很多，主要是馄饨、水饺、馒头、烧卖、锅贴等，民间换口味以馄饨、水饺居多。

磨米　　　　　　　　　　　　　　　　　　　　尤源海　画

谈到吃饭，还有一种习俗不得不说，那就是"吃新米饭"。

每年的新谷进仓后，家家户户都要准备吃"新米饭"。这"吃新米饭"，是一种旧时颇为盛行的农家生活习俗。

在旧时，这吃"新米饭"对一户人家来说可是件大事情，与平时逢年过节一样地讲究。一般在晚稻收获后新谷进仓那天，主人家往往就早早定好了吃新米饭的日子。这日子各家都有所不同，但大致日期相仿，差得不会太远，大致在农历十月前后。到了事先定好吃新米饭的那一天，男主人早早地将新谷挑到附近的机埠里舂成新米，女主人则去街上买来鱼肉好菜，家里像过节一样热闹。这时大多还要叫上亲朋好友一起来享用。

老底子由于穷，平时烧饭为了讲究饭的涨性好，需要在米落锅时铺上一些冷饭（俗称"饭娘"）。可烧新米饭时却不得添入上顿剩饭，必须是货真价实的"新米饭"。

吃"新米饭"之前，还有一个简单的"谢神"仪式，俗称"请天菩萨"，必须先敬天地和灶神，表示自己是懂得感恩之人。一般先由主妇

传统舂米   尤源海　画

盛出第一碗饭，放在一只米筛上，并配以好酒和好菜，端到大门口。然后由男主人焚香叩首，朝天作揖，感谢上苍有好生之德，祀拜来年继续保佑，再次赐予丰收。旧时村里的民居大都是平房，故有的人家直接搬来梯子将这第一碗供天地菩萨享用的新米饭放到前门檐口的瓦面上。供了天地菩萨后，接着，主妇再盛出第二碗饭，放到"灶山"上用来祭拜灶神菩萨，感谢灶神的保佑。请过天地、灶神后，新米饭方可正式开桌。

吃新米饭时，和过年过节一样，一家老小都要到齐，已经有了婚约的毛脚女婿和毛脚媳妇，这一日也全部叫来一道吃新米饭。"吃新米饭"没有统一的日子，全由各份人家自己定，但大体时间都是差不多的，邻里之间上下间隔不会相差一周。现在此俗种田的人家还有，只是没有过去那番盛况了。

这里的人平时一般不常把糯米当主食食用，一些节日期间才烧点糯米饭，如立夏时的乌米饭、咸肉糯米饭，以及春节时的猪油细沙八宝饭等。而在平时，糯米更主要的用途还是用来做圆子、打年糕和酿酒。特别值得一提的是做圆子，这一带做圆子围绕着一些民间风俗项目展开，从而产生了一种独特的"圆子文化"。

用糯米粉做圆子，在这一带有着悠久的历史。据说，圆子的产生呀，还和饭团有点关系呢。在很久以前，人们去远处干活，为了节省时间，中午就不回家吃饭了，于是就把做好的米饭捏成饭团，随身带着，以当中餐。但是，人们发现这个饭团容易散，一散开吃起来就不太方便。随即人们又发现用糯米饭捏成的饭团不容易散，粘合性特别强。于是，人们逐步开始用糯米饭团来充作出远处干活时的中饭。再接下去，人们又发现，将糯米磨成粉，做成圆子，那味道更佳，还可以在中间加上各种馅料，连菜都不用了。就这样，用糯米粉做圆子，就在这一带慢慢地发展起来了。

用糯米粉做圆子，也经历了一个逐步发展的阶段。一开始的糯米圆子很简单，就是这样把糯米磨成粉，做成圆子，在里面嵌入些馅料，把它蒸熟就可以了。随着时间的变化，人们发现这是单一的、纯白的圆子，虽然好吃但不太好看，于是就慢慢地想办法。先是在圆子中间用红色颜料点一下，或盖一个小印章，起到点缀作用。后来人们又开始给糯米粉增加色彩，他们用老南瓜煮熟掺入米粉中，使粉团变黄；或用艾草或青南瓜叶制成的汁水掺入粉团中使粉团变青；或用乌叶的汁水掺入粉团中使粉团变黑……就这样，黄色、青色、黑色的粉团，一个个出现，使那些做好的圆子色彩纷呈，不但好吃，而且好看。

这一带米粉制作的圆子大约有三个大类，一是米塑类，即将粉团捏制成各种图形。这一带的米塑最早是在供蚕神菩萨（又称"蚕花娘娘"，其形象为青年女性，与蚕房劳作的蚕妇有特别的亲和力）时用的。人们在"拜蚕神"时，通行做一些糕点来供奉蚕神。那些糕点都用米粉做成，聪明的蚕妇们捏出了各种形状，有骑在马上的蚕花娘娘，有爬在桑叶上的大龙蚕，有一捆捆的丝束以及茧子和元宝等。人们还用米粉做成

米塑   街道文体中心　提供

73

"藕"，称为"路路通"，做成财神菩萨、童男童女、蚕、茧、龙、凤等等。后来，这些米塑品种又得到发展，出现了"立夏狗""上梁元宝""定亲饭圆"等。

第二个大类是糕团类。这一类圆子是一种糕团，成了便于携带的点心。为了制作糕团，人们开始发明了糕板。就是在一块厚木板上挖出一个圆形（或方形、心型、桃型等）的小坑，再在里面雕刻上图案，这些图案大多是一些吉祥如意类的图案，与各种民间习俗配套。制作圆子时，把捏好的粉团放在模子里按一下，敲出来就好了，一个带有精美图案的糕团就出现在大家面前。随着不断地发展，这些糕板模子的图案日益丰富，甚至还出现了猪头三牲的模板，可用米粉做成的猪头三牲糕点来替代真正的猪头三牲去从事祭祀活动，为一些穷人解决了困难。

第三个大类是熟粉类，即熟粉圆子。所谓熟粉圆子就是先把粉团放在蒸架上蒸熟，然后用这已经蒸熟了的粉团来捏制各种圆子。熟粉圆子最大的特点是它的粉已经是熟的，不像做其他的圆子，做好后要蒸熟了才能吃。正由于粉是熟的，于是就可以边做边吃。所以老底子家里大人在做熟粉圆子时，最开心的就是那些孩子们，他们围在旁边，等妈妈做好，他们拿起来就吃……

糯米圆子　　　　　　　　摄影　褚良明

这一带的圆子文化是伴随着时令节气和民俗活动的发展而形成的。在一些民间传统的节日里，如春节、元宵节、清明节、端午节、立夏节、七月半、冬至节，这一带百姓都要做圆子（其中端午节是例外，主要是裹粽子）。春节时一般在除夕晚上要做圆子，俗称"年夜饭馒头"。从大年初一起多吃年糕。若作为过年接灶、谢灶用，还用年糕粉团做成元宝状。旧时正月里请客人，还在下午吃糖炒年糕，年糕中还加入黑白芝麻。元宵节有做小汤圆的，而境内的风俗是以"乌子食"供奉灶神和当晚餐。"乌子食"用年糕、豆腐、粉丝、青菜等一起烧煮而成。立夏节家家做立夏狗，给大人和小孩吃，说是吃了能像狗一样强壮。七月半和冬至做圆子都是用来祈福，当地俗称"拜阿太"。除此之外，在农历二月初二、八月初三、腊月十二、腊月廿三，旧时都是需要做圆子的。一般每次做好圆子先要谢灶。其中二月初二是做春饼。腊月十二是蚕花娘娘生日，要做各种米塑。米塑有蚕花娘娘、爬在桑叶上的大龙蚕、丝束、茧子和元宝以及童男童女等。腊月廿三是灶神爷上天的日子，灶神爷在这一带民间称作"灶家菩萨"，人们对灶家菩萨的上天极为重视，从而达到让他"上天言好事"的目的。"谢灶"最隆重的有三次：一是

圆子   街道文体中心 提供

农历十二月廿三晚上送灶神上天（境内风俗是烧南瓜糯米饭请灶神）向玉皇大帝"汇报工作"；二是大年初一接灶神回来（一般是鸣放鞭炮接驾并供奉糖年糕、糯米元宝、水果等）；三是正月十五晚上庆元宵节，吃乌子食。近年来外地的习俗传到本地，也有一些人家吃元宵。还有的人家在八月初三也要谢灶，有句俗语说是"千谢万谢，不及八月初三一谢"。

这一带的圆子文化还更多地体现在人生礼仪的习俗上，一个人从生到死，都与圆子紧紧地联系在了一起。在这一带，小孩出生了，要到至亲家里去做客，称"做头趟（大）"，亲戚招待这做头趟的小客人要做圆子，印三角包。小孩满月要做"满月圆子"分赠左邻右舍。小孩周岁或认寄拜亲取名，要做寿桃。等到男大当婚、女大当嫁的日子，更是有一大堆各类圆子等着你做。年纪大了要做寿，流行做寿桃，就连人去世了，还是少不了圆子，要做老贴饼。除此之外，家里造房子，要做上梁元宝。平时祭祖拜阿太，都要做圆子。碰上了除灵（烧座头）那就更热闹了，要做糖糕、面塑、元宝，并用米粉搭起一个高一米至二米的除灵台，除灵台上有米粉捏出来的戏曲人物，常见的有吕纯阳三戏白牡丹、白蛇传、哪吒闹海、孙尚香回荆州、穆桂英挂帅、姜太公钓鱼等。

运河街道的圆子文化是中华传统稻作文化的一部分，历史源远流长，如今虽然已经没有了当年的辉煌，但还在继续流传，还继续存活在当地的民俗活动事项中。

糯米在这一带除了用来做圆子外，还用来打年糕。

年糕是用糯米粉打成的一种糕，旧时春节时食用，称作"年糕"。年糕年糕年年糕，讨"一年比一年高"的彩头。由于这年糕的制作过程是用木榔头一记记打出来的，故做年糕称作"打年糕"。

打年糕既是个力气活又是个技术活，而且需要专业设施，如蒸桶（俗称"甑"，木制，圆筒形，下口与锅口大小相等，上大下略小，中间放有上尖边圆的蒸架，用时在甑上铺上纱布，再均匀地铺撒米粉放在水锅上蒸）、石臼、木榔头等，普通百姓家中大多不具备这些专用器具。所以镇上百姓要吃年糕往往是两种途径，一种是去年糕作坊购买，另一种是委托乡下亲戚帮助代打。镇上的大户人家往往都有固定的乡民为他们代打年糕，打好后送到镇上。

年糕有两种，一种是糯米年糕，适当掺入粳米，以糯米为主，另一种是粳米年糕，俗称"晚米年糕"。两种年糕各有不同风味，不同的吃法需要不同的年糕。纯粳米年糕一般为店里出售的年糕，每条6寸左右长，1寸多宽，俗称"线板年糕"（因形似线板）。而一般农家所打的都是以糯米为主的年糕，即"糯米年糕"。在打糯米年糕时先要掺米，需在糯米中掺入适量的粳米（最多不超过二分之一），然后进行淘米、晾干、磨粉等前期工作。到了"打年糕"时，先将磨好的米粉进行搅拌，把粉拌匀，再上蒸桶去蒸。等粉蒸熟后马上放入石臼中去翻打，打时一般均两个人，一边一个，手持木榔头，你一下我一下地敲打。中间还有一个人，不时地翻动粉团。打得差不多时就把粉团放到台板上制形、按

打年糕

平，然后再切成一块块，即成年糕。老底子打年糕考究的人家还有"年糕板"，即雕有图案的印花模板，将打好的年糕一块块放入模板中去按一下，年糕上便有了漂亮的图案。打年糕还有的不用石臼和榔头打，而是把煮熟的米粉倒在场板（有时用干净牢固的大门板）上，上面铺一块湿白布，立即用竹杠揿压，使两人在竹杠两端同时向米粉上反复加压，以使米粉增加韧性。然后再把米团做成长条型，撸扁，再用白线从下面插进去切开成一块块的年糕，并在年糕上点上红花，或做成元宝。

旧时似乎家家过年都要吃年糕，最少的人家打一甑年糕（蒸桶蒸一次，一般25斤米粉左右）肯定少不了，多的人家上百斤甚至几百斤。年糕有多种做法，可加入菜肴制作成"肉丝炒年糕"或"肉丝汤年糕"，或糯米年糕最适合做糖炒年糕，小时候只有去做客人时才能吃到，那味道这辈子忘不了。年糕最普通最常见的吃法是与泡饭一起烧，叫作"年糕泡饭"，正月里这种泡饭是常吃的。

年糕放置时间长了会发花，会碎裂。为防年糕变坏，百姓就将年糕

打年糕   摄影 褚良明

芝麻糖炒年糕　　　　　　　　　　　　　　　街道文体中心　提供

浸在水中，因浸入水中后年糕就不太容易坏。但是，这水一定要是冬天的水，民间俗称"冬水"，如换成立春之后的水，则容易坏。所以一般都在立春前将年糕浸入水缸中。

说到饮食，旧时百姓因为受经济条件的限制，除了逢年过节时讲究些外，平时自己家中都是比较简单的。但是，家中如果碰到有大事要办，如婚丧嫁娶，造屋添丁等，那就得将平时熬吃省用的钱都拿出来，大操大办地办酒席，遍请亲朋。此俗，乡间称为"办酒"。

"办酒"，是这一带流传已久的一种饮食习俗，由于办酒起码得四五桌起步，有很多菜肴家中主妇平时都没烧过，所以，碰到办酒，家庭中的主妇是吃不消掌勺的。因此也就催生了一种专门给需要办酒人家烧菜的职业，乡间俗称"师公"，也就是厨师。这些乡间的厨师与饭店里的厨师不同，他们平时是不烧菜的，平时也和左邻右舍一样，是做田庄的，只是接到业务了才会去东家屋里烧菜。由于办酒时桌数较多，办酒的主人不会有这么多的餐具和大锅大灶。所以乡间的"师公"们自备酒席中所需的碗筷盆碟和炉灶，除了桌子、凳子外，其他都有。接了业务后，他就会请人把家伙送来借用，现场为东家进行烹饪。旧时办酒所需的桌凳（包括热水瓶等）都是向左邻右舍借用的。那时的左邻右舍大多都是自族，一般根据来客数量拆通几户人家的正屋作为办酒的场地。近年来相应催生了租用桌凳和凉棚的行业，有的为省事，就直接到饭店宾馆请客就餐。

过去办喜事都是早早地定下日子的，提前一月甚至数月，所以对请哪位"师公"来烧菜也有了个挑选，人们往往去请自认为厨艺最高的"师公"。但如果碰到的东家是办丧事，那日子是碰出来的，事先根本不知道，那就没得挑选了，只有哪位"师公"有空就请哪位来了。

一般来说，"师公"接到业务后，会根据酒席的性质，了解一下东家对酒席的要求，然后提出大致的菜肴规模，如"十碗头"，或"六大六小""八大四小"等。等东家认可后，会开给东家一份菜单，这张菜单其实是一张采购清单。那些老牌的"师公"开单子十分讲究，往往都将大菜排列在一起，按顺序排列，而不是想到什么开什么。比如说吧，旧时酒席讲究全鸡、全鸭、全鱼、全蹄，他开单子时不但全都按顺序排列，而且还会注出买几斤重的鸡和几斤重的鸭，以及什么样的鱼，分量在多少为宜。看了单子让你一清二楚，便于你去市场采购。还有条规矩，凡是办白事的，这单子是用白纸来开。如果是办喜事的，那么这单子必须用红纸头来开。直到现在，这用红纸开喜事菜单的旧俗尤存，平时跑菜场时，还会不时地看见有人手持着红纸开列的菜单在采购菜肴，不用说，这是在准备办喜宴。

每逢有人家办酒时，旧时有一条不成文的规矩，那就是四周的邻居（尤其是自族）必须来帮忙。这一民俗真正体现出了"远亲不如近邻"这句老话。邻居们不但是帮忙洗菜、端菜的主力军，而且连家中的客厅也都被借用来摆酒席了，借桌子、搬凳子，往往是一家办喜事，八家摆酒席。这样，才能接待上百或几百个客人。直到现在，凡是在自己家中办酒，左邻右舍还是要帮忙。哪怕你平时是开宝马的大老板，邻居办酒了，你也只有放下车钥匙去帮忙，俗称"条动"。

说到美食，离不开"美味佳肴"。美味佳肴的制作需要用"烹饪"的技法，但这"烹饪"是一种书面上的说法，我们这里的人将"烹饪"说成是"烧菜"或者是"炒菜"，也就是俗称的"生的变熟的"。但是在这菜品由生变熟的过程中，却有着多种的做法。从烹饪专业的角度上来讲，一种是由油传热，这类做法大都先在锅中放入油，待油热后再放入菜品，通过锅子中油温所产生的热量，再采用炒、煸、煎、炸等手段将菜由生变熟，这种手法人们称作"炒菜"。另一种是水传热，即在锅子中放上水，待水烧开放入菜品，通过水中的温度，再采用煮、汆、炖、焐等手段将菜由生变熟，这种手法人们称作"煮菜"。还有一种是由气传热，通过水烧开后所产生的蒸气来传热，通过蒸的办法来达到将菜由生变熟，这种手法人们称为"蒸（也称'炖'）菜"。除此之外，还有腌、卤、酱等方法能将菜品生成不同口味。熏、烤等手段既能将菜品生成不同口味，同时也将菜品由生变熟。

这里所介绍的烹饪方式中，炒菜、煮菜、蒸菜及其他腌、卤、酱、熏、烤各种手法都齐全，但其中尤以炒菜为最常见。炒菜，称得上是家常厨艺中最为常见的一种方法，普通家庭平时的菜肴大都通过"炒菜"这个方式来加工。旧时，这一带均将"炒菜"叫作"炒头"，又称"小炒"，从而将它与"蒸菜"和"煮菜"相区别。据说，在国外的厨艺中是没有"炒菜"这一种做法的，这"炒菜"应该是中国独有的烹饪技艺。据相关资料记载，炒菜这技艺源于北宋朝，产生于当时的京都汴京的酒肆、馆子中，是当时京城厨子的绝活，后来才逐步传向民间，逐步得到了普及和发展。

这一带民间旧时办酒，"师公"烧的都是大锅菜，所烧的菜以红烧菜肴为主，考究的是全鸡、全鸭、全鱼、全蹄，真正是大块吃肉，大碗喝酒。这些红烧菜烧出了特色，流传甚广，甚至连外地人也都专门赶来品尝。在这些出名的红烧菜肴中，其中要算"红烧羊肉"最为出名，称得上是这一带特色菜中的著名代表。

烧制"红烧羊肉"，运河街道一带各地都有高手。但大家几乎公认，这"红烧羊肉"，是五杭周家埭师公的当家菜。五杭周家埭，一直以来就是四邻八乡出名的"师公村"，这里当厨师公的人很多，并一直以家庭传承的方式在流传技艺，到现在为止，最多的已传承了6代。这一带家家户户每逢婚丧寿喜或盖房立顶（俗称"上梁"）等大事，历来有请厨师公上门烧菜设宴酬谢宾客的传统。遇有这些大事，要根据具体的规格估算来宾数量而决定宴席的数量，一般均要摆十几到二三十桌。这周家埭的厨师公已在四邻八乡出名，他们最拿手的就是红烧菜，而这红烧羊肉更是其中的代表。他们一代代传承，烧出的羊肉浓香扑鼻、酥而不烂、色香味俱为上乘，成了宴席中一道必不可少的主菜。特别是在秋冬和早春，更是受到众多食客的喜爱。

与余杭仓前一带吃山羊肉不同，运河街道这一带的百姓喜欢吃湖羊肉。这一带乡村旧时家家户户都饲养湖羊，当时一般农家在后房都建有

五杭红烧羊肉   尤源海　画

羊棚，羊粪是稻田基肥中的极佳品种，俗称"羊垃圾"。当地及邻村直到 20 世纪 60 年代后还有多处羊市场。供销社畜产站收购羊毛、羊皮和胎死小羊。当时各地河港水面大量放养水草作为湖羊的主要饲料。孩童和农民工余常要去野外割羊草。络麻叶、番薯藤、冬桑叶等都是羊的饲料。这道"红烧羊肉"的佳肴，其原料就地取材，取当地优质的湖羊肉为原料。近年来，本地农户已极少养湖羊，现湖羊饲养地大多在五杭东北方向的桐乡一带，一般由经营户与产地联系随时送来杀白生羊，供应本地烹烧。

"红烧羊肉"的烹制过程大致如下：

取生鲜湖羊肉若干斤，放在二尺四寸的大铁锅中加冷水烧，铁锅架在土灶上，用硬柴作燃料。现在厨具日益翻新，燃料也从"柴"到"煤"又到"气"，但这羊肉很奇异，一定要用传统的土灶、铁锅和硬柴，烧出来才好吃。水烧滚后要撇沫，即用勺捞去上面的浮沫，把浮沫撇得越干净越好。浮沫撇好后，用勺子淘一淘，如果有浮沫就再撇。浮沫撇净后，开始放入黄酒、老姜、酱油、白糖、花椒等佐料，花椒必须用纱布包扎好。再烧时不能加盖了，火力也要文一点，等烧制到羊肉块色红、无棱角时，汤头起浓，羊肉块红得亮晶晶，颜色红菲菲，味道鲜滋滋，即可一碗一碗地盛起来，香喷喷的红烧羊肉即可再加

红烧羊肉　　　　　　　　　街道文体中心　提供

一把切成寸许长的大蒜叶上桌。一般每碗熟羊肉需生鲜肉 2.5 斤左右。上述的烹制过程仅是大致的过程，各家师公烧制时都会有些少许的变化，这也许就是常说的"绝招"吧。

近年来，运河街道每年举办鱼羊美食节，五杭红烧羊肉成为美食节的主角，其影响力辐射周边市镇，游人食客闻其名纷纷前来饱尝美味。宏发羊肉品牌及万士达、沙伦、周氏羊肉等店的红烧羊肉已成为当地知名品牌，闻名遐迩。在临平、塘栖等地有多家五杭红烧羊肉店，有的甚至远销到杭州、上海等地。

在这一带的红烧菜肴中，除了"红烧羊肉"首屈一指外，还有几道红烧菜肴也颇受当地百姓的欢迎。像"红烧全鸭""红烧蹄髈""红烧醋鱼"等都是红烧菜中的佼佼者和代表性菜肴，千百年来的乡民们百吃不厌，谁家办酒宴若是没有这几道菜就会被前来赴宴的人说三道四。

这红烧全鸭很有意思。在整个临平区，不少地方全鸭都是白烧的，而在运河街道，也不能说白烧的全鸭没有，但一般来说，酒席上所上桌的全鸭，其本上都是红烧的。

"红烧全鸭"是指将整只鸭子拿来烧，而不是斩成鸭块来烧。因端上桌来的整只鸭子是完整的，所以又称"全鸭"。在旧时，这"红烧全鸭"是一道高档菜肴，也是酒席中的必备大菜。一般情况下，乡民们在自己家中除了过年和"吃新米饭"会做"红烧全鸭"吃，平时基本不做这道菜肴，因此只能是在酒席上才吃得到"红烧全鸭"。

"红烧全鸭"的具体做法是，取 2~3 斤的老鸭，先将鸭宰杀、褪毛、除去内脏。然后将鸭身用一根绳子捆住，以防鸭子烧熟后，身子破碎。接着将锅加水后放入鸭子去煮，置于大火。待水烧开后，撇去上面的浮沫，加入料酒、生姜、葱结、酱油、糖等调料。再用中火烧约 60 分钟，改小火焖约 40 分钟。待汤汁浓稠后，馨香四溢，此时，便可起锅装盘。

再来说说红烧蹄髈，蹄髈是这一带人们比较喜欢的一种食材，只是旧时条件差，平时不太吃得到。这里有句俗话，说是做一个媒人要吃18只蹄髈。把蹄髈当作待媒人的谢礼，可见这一带人民对蹄髈的厚爱。

"红烧蹄髈"又叫"全蹄"，这也是旧时办酒席时必不可少的一只大菜。临平区一带的人吃蹄髈都把它整只拿来红烧，称"红烧蹄髈"。相传当年乾隆皇帝下江南时，途经崇贤的沾驾桥，还在那里吃过红烧蹄髈呢。也有种说法，正因为乾隆皇帝吃过了这红烧蹄髈，所以红烧蹄髈才在这一带流传了开来。

传说毕竟是传说，虽有那么点影子，但难辨真假。不过，运河街道酒席上用的"红烧蹄髈"和崇贤一带的红烧蹄髈在做法上不太一样，这一带烧"红烧蹄髈"时先要将蹄髈放在大油锅里去氽一下，走走油，使整只蹄髈的外皮全都起了一个个小泡，再从油锅中将其捞出放入另一只锅子中加入各类调料红烧，故又称作为"走油蹄"。

做"红烧蹄髈"前要先将蹄髈洗净，放入锅中煮熟。然后趁热放到八成热的大油锅里瀑油，取出后放入冷水一激，待皮起泡时捞出，再放

红烧蹄髈　　　　　　　　　　　街道文体中心　提供

85

入另一只锅中去煮，并加入刚才煮蹄髈的原汤，再加入料酒、葱、姜、酱油等调料，烧开后转小火烧酥后加味精，转大火收汁至稠即成。

最后，再来说说红烧醋鱼。

"红烧醋鱼"，是周边这一带农村的一道传统菜肴，颇具水乡风味，既是家宴的主菜又是办酒席的必备菜。

这里是水乡，有道是"靠水吃水"，这里的淡水鱼种类非常丰富，各种各样的淡水鱼成了居民家宴的主角。"红烧醋鱼"，就是其中极具代表性的一道主菜。据说，这道菜的创制原是最初时错出来的。是主妇烧鱼时先放了酱油后忘记了，认为还没放；待到需继续放酱油时却又把醋错放进去了。结果烧出来的鱼口味奇佳，酸溜溜的似乎比平时做的要好吃且令人胃口大开。于是，这一道烹制鱼的特别做法就传开了，食客们就喜欢那酸酸甜甜的味道。于是，烧鱼时除了放醋又放些糖，形成了这道名菜，与传统名菜"西湖醋鱼"有着异曲同工之妙。

运河街道的"红烧醋鱼"和杭州"西湖醋鱼"其味各有千秋，其主要存在着两大区别，一是主料上的区别，这里的"红烧醋鱼"其主料用的是包头鱼，也就是鳙鱼，偶尔才会用草鱼。而"西湖醋鱼"的主料则需用草鱼，其他鱼替代不了。另一个区别是做法上，这里的"红烧醋鱼"将整条鱼斩成块，烧出来的是鱼块。而杭州"西湖醋鱼"则是整鱼一起烧，是全鱼。

"红烧醋鱼"的具体做法如下：

做红烧醋鱼时先将包头鱼斩杀后用清水洗干净，切成块备用。一般均用2斤重左右的包头鱼。如再大点的鱼则有"一鱼两吃"的说法，则把鱼头斩下，留着做红烧鱼头，鱼身切块做"红烧醋鱼"。

接着再将生粉用水调开，放在一边准备勾芡用。

烹饪时先开油锅，用菜籽油最佳。待油熬透，放生姜片爆出香味，再放入鱼块炒匀。然后再放黄酒、酱油、醋和少许白糖，加少许水一起烧煮。塘栖人讲究"咸鱼淡肉"，境内也有这一讲法，即烧鱼往往会偏咸点。待鱼块煮熟时，即将调好的生粉倒入，勾芡出锅，装盘后，撒上葱花和姜末即成。

红烧菜还有很多，如糖醋里脊、洋葱鳝丝、冬瓜河蚌、鱼干烧肉等等，一道道菜浓油赤酱、红润光亮，形成了这一带民间菜肴的特色。限于篇幅，在这里不一一展开介绍了。

不过，还是有一道菜值得向大家介绍一下，这虽然不是一道红烧菜，但在旧时，这道菜相当出名，虽然酒席中不太会有，但这道菜在家宴中出现的频率特高，是当地百姓十分喜爱的一道颇有特色的菜肴。这，就是"腌猪头肉"。

"腌猪头肉"是运河一带农村的一道特色农家菜，肉质鲜嫩，风味独特，常在家宴时作冷盘用。旧时流行"有钱没钱，腌个猪头过年"的俗谚，民间将猪头肉视作一种美食。"腌猪头肉"对"腌制"这个过程非常讲究，"腌制"这一关没做到家就会影响到猪头肉的质量。旧时，猪头肉都是一家一户自行腌制，在腌制时，先将炒熟的花椒和盐在猪头上擦，然后放入缸中去腌，大约要腌上一个月左右，再拿出来，放在阴凉通风处晾干。"腌猪头肉"是旧时常见的一种过年菜，饱含着众多的民俗文化，蕴含着精深的饮食文化。过去的饭店里也都有"腌猪头肉"卖，是一道出名的下酒菜。

"腌猪头肉"具体做法，首先是腌猪头。

市场上有腌好的猪头卖，但当地人大多喜欢自行腌制。先将新鲜猪头清洗后拔毛，挂在阴凉通风之处，除去表面水分。然后炒制花椒盐。花椒盐的做法，是将粗盐与花椒按100∶1的比例进行炒制，适量放入茴香、八角。炒熟后即花椒盐。将炒好的花椒盐均匀地擦到猪头上去，猪头里面也要用工具放进花椒盐去。这样相隔一天擦一次，连续擦三到五次，即可上压重物进行腌制。腌制过程约需一个月左右。然后，取出猪头用清水浸泡一天，除去多余的盐分，再挂在阴凉通风处七天，让它阴干即成。

要食用时，先把猪头斩成大块，放在高压锅中，加入黄酒、葱、姜，蒸煮半个小时。待稍凉后出锅，切成小块装盘即成。

这一带还有一种"烫粉皮"的习俗。

粉皮是一种淀粉制品，是这一带农村中最常见的一种菜肴。因为粉皮可以和各类荤素菜肴搭配，故深受百姓喜欢。旧时经济条件差，节日期间的菜肴中，有不少上面盖些少许荤菜，下面却全是粉皮当底。从而还产生了一种自嘲的语言，人们把节日期间去"做客人"说成是"去捞粉皮"。旧时每逢腊月，村里一些人家会去制作粉皮，以应自家春节时所需。制作粉皮由于是在热水中烫出来的，故此俗称作"烫粉皮"。

这一带的粉皮大都以蕉藕粉或番薯粉为原料，烫粉皮前先将淀粉和水按一定的比例调成粉浆，用力搅拌均匀，搅拌时需适当加点食盐，以增加其凝固性。粉浆调好后，起锅烧水，老底子都用大灶上的大锅子，后来开始采用在煤炉上架个小锅子。待锅中的水微滚后，即可开始烫粉皮了。普通农家没有专用工具，往往用家中现成的铝制盆子，比脸盆稍微小点，还有的农家干脆用脸盆来烫。烫粉皮时锅中的水温必须始终保持微开的状态，水滚起来时可以适当加入凉水，不让它滚起来。操作时将那铝制的盆子置于锅中的热水中，在盆子中倒入少量浆水，然后将那铝盆在水面上正转、反转连续旋转几圈，使盆内的浆水平铺摊匀。待粉浆凝结后颜色返白时，当即将盆子倾斜。使锅中的热水注入盆子内，热水进入盆子后，盆子中刚凝结的粉浆会变色，当看到盆内凝结的粉皮逐渐由白变为透明，便可将水倒出，将盆内的粉皮取出，投入一旁早就准备好的冷水盆中，凉后捞出，铺平叠好，便成粉皮。

为了提高粉皮的保存期，做好的鲜粉皮农家还将它拿去晒干，半干时切成条，继续晒，晒干后即成粉皮干。粉皮干容易保存，不太会坏，要吃时用冷水浸泡使其回软即行。

除了"烫粉皮"，这一带旧时较时兴的还有一种腌制冬菜的习俗。所谓"冬菜"，是将冬天产的花叶菜通过腌制来做成咸菜，在这一带俗称为"冬菜",也称"咸菜""鬓里菜""倒笃菜"。

腌制冬菜,在运河街道一带已有 600 多年历史,相传还是在明代时,亭趾的费庄村已有人开始做冬菜。等春夏之交,蔬菜稀少时,正好可由冬菜来弥补这个空缺。冬菜又嫩又鲜,是夏天泡汤的好菜料,如四季豆炒冬菜,黑鱼片冬菜等,甚至做清明圆子时的咸馅子也少不了由冬菜来做辅料。至今各地村民,特别是费庄村每家每户都能腌制冬菜,有些大户能腌制上百鬓冬菜,拿出去卖,增加经济收入,运河费庄村村民沈关荣在土地承包到户后,曾做过 300 鬓冬菜,远销江苏、常州、扬州等地。

冬天村民们种下花叶芥菜,长大的菜叶呈现出花边状,每棵大约重 2 斤左右,产量较高,做冬菜销售者都用这种花叶芥菜来做冬菜。也有些村民用榨菜来做冬菜,但由于榨菜产量低,虽然其味道鲜美胜过花叶菜,但产量不高也做不多,往往做的都留作自用。

每年清明后就开始收割花叶芥菜,一般不洗,挂在桑树上或用绳子竹竿搭成架晒至八成干,大约晒 10 天左右。将晒干的花叶芥菜去根后,用锋利的菜刀将干菜切成大约 0.5 厘米的碎块,将切碎的 30 斤花叶芥菜倒入缸中(缸半侧放),放入 3 斤食盐,用脚搓菜,直至花叶芥菜有汁为止。将搓好的菜倒入领圈中,用脚踏实,到菜上满领圈后,再用大石块压住。这些菜在领圈中压 2 天左右上鬓,上鬓是把菜装入鬓中,并陆续加入少许食盐(加多少是根据第一次腌制的咸淡而决定)。用脚将菜踏实,榨出菜汁,菜上满后将鬓倒扣。第二天将倒扣的鬓翻过来,再加菜用木棍拄实,榨出菜汁,边添边拄实,直到添加至不能拄实才止。

菜装满鬓后,用捣烂的泥搅成糊状,把冬菜鬓口封住,倒扣储存。一个月后,估计见味了,打开鬓口封泥,就可食用了。由于冬菜挤压得紧,食用时要用手慢慢地一层层挖来吃。挖掉多少,就在鬓里填入多少稻草并压紧倒扣水盆子中(水不能超过冬菜)起隔绝作用,使冬菜不容易坏。吃多少挖多少,直到一鬓吃完。吃不完的冬菜可卖,可再晒干享用一年。由于冬菜是放在甏里倒笃储存，故人们又称它为"倒笃菜"。

除"冬菜"外，更值得一提的是春季在油菜抽蕊时农家家家户户普遍制作的"田心菜"。这"田心菜"应属于"咸菜家族"中首屈一指的大户。

制作"田心菜"需用土油菜的菜心。从田里掐来的田心菜晾晒一天太阳后即可腌制，通常是用脚踏制，俗称"踏田心菜"。踏菜人必须先洗净双脚，擦干双脚，才能开始踏菜。先在缸里铺上一层菜心，加适量盐，然后开始踏菜。这样层层加高，踏完后还要用大石块压住腌菜。这样放置一段时间后就可以食用了。集市上的居民家里无田，就在每年春天到集市上买一些田心菜自己加工。这样制作的田心菜，旧时要吃大半年。既经济实惠，又美味可口，其中"笋炖田心菜"更是平常一道不可或缺的家常菜。

几百年来，制作冬菜和田心菜的习俗一直在运河街道流传着，其制作技艺也一代一代地传承至今。

在谈到运河街道的美食时，似乎还有一种食品值得介绍一番，那就是运河流域的传统糕点。

传统糕点，属于传统食品。而这些传统食品是有地域之分的，在旧时，北方的传统食品被称作"官礼茶食"。而在我们南方，这些传统食品被叫作"茶食糕点"。在我们这一带的运河流域，"茶食糕点"又被称作"嘉湖细点"。"嘉湖"两字，很明显地体现了地方特色，这是以杭嘉湖地区为中心，是这一带流行的食品。而一个"细"字，又体现了其制作特色，这一带物产丰富，生活富裕，所产食品均以"精细"闻名。

"茶食糕点"是有出典的，查它来源，据清顾张思《土风录》云："干点心曰茶食，见宇文懋《昭金志》：'婿先期拜门，以酒馔往，酒三行，进大软脂小软脂，如中国寒具，又进蜜糕，人各一盘，曰茶食'。"由此可见，传统食品是由点心发展而来。而"点心"据说出自东晋，当时有位大将，见将士们日夜血战沙场，特地让人做了民间糕点加以慰劳，称之为"点点心意"，之后，人们就将糕点称之为"点心"了。

在运河街道，那些做传统食品的商家，所生产的传统食品十分注重"四时八节"，每当相应的节气，就会推出相应的糕点。如立夏吃"立夏饼"，端午吃"粽子"，中秋吃"月饼"，重阳吃"栗糕"，过年送"酥糖"等。旧时，在塘栖流传着这样一首儿歌，唱出了这节令与食品的关联："上灯圆子落灯糕，端午粽子稳牢牢，八月半月饼甮得话，九月重阳吃栗糕。"杭嘉湖地区历来比较富庶，位于中心区域南部近杭城的运河街道更是富庶之地，故对传统食品也比较讲究，出现了不少有名的传统食品。旧时运河街道的传统食品，主要分布在各个集镇上一些食品商号之中，各家商号都有着自己的特色。

传统食品讲究用料考究，精工细作，走的是纯手工路线。随着时代的变迁，许多食品都走上了机械化生产，但手工生产的传统食品还是深受人们喜爱，这主要是因为以下一些文化因素的存在：

茶糕　　　　　　　　　　　　　　　　　　街道文体中心　提供

　　传统食品在旧时是人们生活中必不可少的一种应时食品，到了相应的时节，就会吃相应的食品，与生活的关系相当密切，可以说是民俗活动的一个组成部分。所以，传统食品中民俗的因素含量很高，她的受欢迎，具有一定的民俗研究价值。

　　旧时生活条件艰辛，能吃到那些传统食品非得到逢年过节不可。如今的中老年人对传统食品情有独钟，其原因中怀旧心理占了很大的一部分。因为那些传统食品，伴随他/她度过了儿时的美好时光，如今重新品尝，儿时的滋味当即涌上心头……

　　我们的传统民俗还在传承。如中秋吃月饼，是雷打不动的习俗。虽然现在有了机器生产的月饼，但手工生产的月饼地位还是不可动摇。有了民俗和怀旧两大文化因素，致使这传统食品的手工制作方式一代一代地往下传承。

　　传统食品主要可分为以下几大类：即烘烤制品、油炸制品、蒸煮制品、熟粉制品等。目前运河街道所生产的传统食品以亭趾供销食品厂

亭趾月饼　　　　　　　　　　　　　　　　　街道文体中心　提供

米塑   街道文体中心　提供

（其前身为民国期间的姚裕源南货店）为代表，以糕饼为主，品种主要
有酥糖、糕、饼这几大类。其中，他们所生产的"亭趾月饼"已被列入
"余杭区非物质文化遗产代表名录"。

　　"亭趾月饼"是一种苏式月饼，其制作技艺旧时以父传子的方式传
承，新中国成立后以师传徒的方式传承。一直坚持传统工艺和手法，对
原料十分讲究，对每一道工序都精益求精，这令亭趾月饼不但在当地颇
受欢迎，而且在周边一带都素有盛名。

　　运河街道范围内的亭趾、博陆、五杭三集镇历史上的传统食品除家
庭加工生产外，主要由南货店的糕饼作坊加工生产，其次是由各小吃、
饮食店或摊贩加工生产。糕饼作坊生产的饼类有各种月饼（主要是百
果、椒盐、火腿三种）、大小芝麻饼、立夏饼、金钱饼（亦称开口笑）、
小桃酥；糕类有云片糕、玉带糕、橘红糕、绿豆糕、椒桃片；糖类有麻
片糖、寸金糖、猪油酥糖、枇杷梗等。饮食作坊或店摊加工制作的传统
食品有面包（即俗称馒头，有实心和加馅两种，加馅的又分为肉馅、菜

馅、豆沙馅等)、馄饨(大多为肉馅,分大、小两种。大多为汤馄饨,也有煎馄饨)、饺子(大多为肉馅,分水饺和煎饺)、粽子(按形状分为长型四角和尖型四角,按馅料分为肉粽、细沙粽、枣子粽、赤豆粽等)、雪糕(即糯米粉蒸成的方糕,分肉馅、细沙馅两种)、麻球、油饺、油条、绞索糖(油炸索状小面粉条)、火炉饼(即大饼)、粢米饭等。此外,还有如板鸭、酱鸭、酱肉、腌肉、毛腌鸡、咸鸭蛋、皮蛋(松花蛋)、糖氽蛋、茶叶蛋、糯米灌藕、臭豆腐(干)、臭苋菜梗、兰花豆、爆米花、炒蚕豆等等,此处不一一细述了。各种传统食品的用料和加工方法五花八门,各具特色,见证了境内饮食文化的丰富多彩与博大精深。

饮食文化所产生的美食习俗,至今还在运河街道一代一代地得到传承。

传统中医流传久

　　在西方的现代医学进入中国之前，我国就有自己独有的医学，那就是产生于古代的"中医"，但那时不叫"中医"，而是称"汉医"，也称"岐黄之术"。直到西方现代医学进入了中国，人们将它称作"西医"，为了与西医相区分，汉医便被称作了"中医"。

　　说起"岐黄之术"中的"岐黄"，有不少人会误解，认为是两种中草药，黄芪和大黄。其实不是，这"岐黄"其实是两个人名字的合称。说起来，这里还有个出典呢。相传，黄帝和他的臣子岐伯都能给人治病，两人各自都有着绝技。为此，黄帝空闲时常与岐伯一起讨论医学，以达到取长补短之目的。在讨论时，两人时常一问一答，并让人将这一问一答的内容记录下来。有一天，黄帝突发奇想，告诉岐伯，说是这一些问答包含了医学的各个方面，可以汇集成一本书，造福于后人。岐伯一听连声称赞，于时两人又将这些年来的问答进行了整理，最后形成了一本书，这就是《黄帝内经》。《黄帝内经》其文简而意博，其理深奥有趣，是我国较早的一部医学文献，也是从医者必读之经典。由于作者是岐伯和黄帝，后世便将作者简称为"岐黄"，并因此称中医学为"岐黄之术"，而岐伯和黄帝也被视为我国的医家之祖。

　　以《黄帝内经》开启的中医学，以阴阳五行作为理论基础，将人体看成是气、形、神的统一体，通过"望、闻、问、切"四诊合参的方法，来探求病因、病性、病位，来分析病机及人体内五脏六腑、经络关节、气血津液的变化，来判断邪正消长，进而得出病名，归纳出证型，以辨证论治原则，制定"汗、吐、下、和、温、清、补、消"等治法，并使

95

用中药、针灸、推拿、按摩、拔罐、气功、食疗等多种治疗手段，使人体达到阴阳调和而康复。应该说，《黄帝内经》的出现，为我国传统医学的发展奠定了基础。

在我国，传统的中医师一个个都是饱读医书的人，故长期以来被百姓称作"先生"。而传统中医也一直是以师带徒的形式在传承。徒弟行过拜师仪式后，先生会给他一大堆医书，让他将一张张方子都背下来。乖徒弟能熟练背出几百张医方后，师傅便将徒弟带在身边，让他观看自己如何诊病，并帮助抄方。等到徒弟学成之后独立行医，做师傅的往往会送他一把雨伞和一只灯笼。这里含义颇深，雨伞是下雨天用的，灯笼是晚上用的，意思是：治病救人，应该风雨无阻，日夜兼程。徒弟学成开业后，必须在自己的医馆中高悬一只药葫芦，旧时称"业成悬壶"，又称"悬壶济世"。这高高地挂一个药葫芦，旧时是医家和药店的标志，这也是有出典、有故事的。

相传，东汉年间有个叫费长房的人，书读了不少，却没有个合适的行当做。一日，他出门散心，逛到了镇上，在一家酒楼中独自喝酒解闷。他坐在楼上临窗的位子，一边喝酒，一边朝楼下东张西望。他看见街上有一个卖药的老翁，悬挂着一个药葫芦在向行人兜售丸散膏丹。卖了一阵，集市散了，街上行人也渐渐散去。那老翁看看没有生意了，就悄悄钻入了葫芦之中。那老翁钻进葫芦里去的一刹那，正好被费长房看了个一清二楚。这下费长房看呆掉了，一个人怎么能钻进一个小小的葫芦里去呀？他擦了擦眼睛，发现自己并没有看错，当即断定这位老翁绝非等闲之辈，非仙即神。他当即从酒楼中买了酒肉，恭恭敬敬地跑到那个葫芦前去拜见老翁。三个头一磕，那老翁顿时便从葫芦中钻了出来。知他来意后，当即领他一同钻入葫芦之中。费长房到了葫芦里，睁眼一看，啊，里面别有洞天呀！只见处处雕梁画栋，富丽堂皇；遍地奇花异草，仙山琼阁。费长房大喜，心想自己一定是来到仙境了。在葫芦里，费长房跟随老翁一起住了十余天，那老翁每天都教他医术。十来天后，老翁对他说："我俩缘份已尽，你也术业已成，可以悬壶行医了。"说完便送了他一只葫芦，让他行医时挂在自己的医室中，当然这只葫芦是钻不进去的。从此，费长房开始悬壶行医。说来也奇怪，这段神奇的经历使他拥有了一身神奇的医术，能医百病，驱瘟疫，几乎有了能令人起死回生的本领，成了四邻八乡出名的名医。由于有了这个出典，后来民间的郎中先生都在自家药铺门口挂一个药葫芦来作为行医的标志，"悬壶"一词也成了医家开业的说法了。

在运河街道，旧时民间中医业也是十分发达的。因为生病是人生中所不可避免的，有了病就必须治，要治就得找医生。况且旧时交通不便，故十里八乡，每一个乡里往往都有一个或数个郎中先生。所以过去郎中先生这个行当是十分吃香的，不少人千方百计地拜名老中医为师。那些名老中医，更是将自己的一手绝活，一代一代地传给自己的子孙后人或弟子。

传统的中医传承的是儒家之道，同时其中也夹杂着道家的养生之术，认为人之有病必定会在其身上有所表现，故行诊讲究"望、闻、问、切"，即"四诊疗法"。其"望诊"，主要是对病人的神、色、形、态、舌象等进行有目的的观察，以测知内脏病变。中医通过大量的医疗实践，逐渐认识到机体外部，特别是面部、舌质、舌苔与脏腑的关系非常密切。如果脏腑阴阳气血有了变化，就必然会反映到其体表上来。所以，"望"成了中医诊治的第一步骤。其"闻诊"，主要是听患者声音和嗅患者气味这两个方面。通过患者语言气息的高低、强弱、清浊、缓急等变化，以及身上气味的变化，来分辨病情的虚实寒热。而"问诊"，则是通过询问患者或其陪诊者，以了解疾病情况及疾病发生的时间、原因、经过、既往病史、患者的病痛所在，以及生活习惯、饮食爱好等与疾病有关的方方面面的情况。"问诊"在四诊中占有极其重要的位置。早在明代时，张景岳就创《十问歌》，总结出医家问诊的要领："一问寒热二问汗，三问头身四问便，五问饮食六问胸，七聋八渴俱当辨，九因脉色察阴阳，十从气味章神见，见定虽然事不难，也须明哲毋招怨。"
这《十问歌》自诞生以来，一直在中医界广为流传。解放后，又据卫生部
中医司《中医病案书写格式与要求》通知精神，改编为："问诊首当问一
般，一般问清问有关，一问寒热二问汗，三问头身四问便，五问饮食六
问胸，七聋八渴俱当辨，九问旧病十问因，再将诊疗经过参，个人家族
当问遍，妇女经带病胎产，小儿传染接种史，痧痘惊疳嗜食偏。"其
"切诊"，就是切脉，也就是我们平时常说的"搭脉"，医者用手指按其
腕后桡动脉搏动处，借以体察脉象变化，辨别脏腑功能盛衰、气血津精
虚滞的一种方法。由于采用了"望闻问切"这四诊疗法，故中医给人的
大多是一种和蔼可亲的形象。中医靠"望闻问切"来发现病因，而不是
西医那样凭各类指标来分析疾病。而这"望闻问切"，完全靠的是一种
经验，一种多年临床的积累。所以，中医的传承均采取师傅带徒弟的办
法。在跟师学艺期间，既要观察师傅是如何望闻问切，又要帮师傅抄
方，观察师傅开方的变化，这样几年下来，才会略有小成。旧时的中医
传承，有一定的门派观念，往往大都是父子间的家庭传承，其余的师徒
传承，学艺前均事先说好，说成后必须异地行医，从而不影响师傅及师
傅之子在当地的生意。

　　旧时的运河街道，有博陆、五杭、亭趾三个乡镇，这三个乡镇上都
各有祖传的中医世家，在这里我们重点向大家介绍被列入余杭区非物质
文化遗产的"运河徐氏中医"。徐氏中医，由于世居亭趾湖津荡村，几
代人均在湖津荡悬壶行医，故又被称作"湖津荡徐氏中医"。

　　据徐氏后人徐本治回忆，徐氏中医的起源，始于清道光年间他们的
曾祖徐阿大。由于年代久远，徐阿大的生卒年月及师从都已无考，只知
徐阿大精通内科和儿科，并在亭趾湖津荡村悬壶行医，并在此定居了下
来。从此他将自己擅长的内科和儿科传授给后人，并以此逐步形成了徐
氏中医的特色，奠定了徐氏中医的基础。

　　徐阿大有子徐子谅，生于 1879 年（清光绪五年），卒于 1942 年。

徐子谅自幼承袭家训，私塾启蒙后便与医书为伴，从帮父亲抄方入手接触岐黄之术。其父徐阿大对此子也颇花心血，将一生所学全都传授于他。徐子谅学成后，于清光绪三十年左右正式悬壶于亭趾湖津荡，子承父业，接受了父亲传承的雨伞和灯笼，治病救人，风雨无阻，日夜兼程。徐子谅在父亲传承的医学基础上，刻苦钻研医理，独具匠心，行医五十余年，在内科和儿科的临症治疗上颇有心得。徐子谅后期的技艺有所拓展，尤以善治温热病而著名于周边地区，桐乡、德清、海宁均有病人慕名而来，一生救治病伤无数。

徐子谅在从医过程中博览群籍，治学态度十分严谨。他将病人视为亲友，对于不同的病案都加以记录分析，注重就诊实践。一时间，湖津荡徐氏中医名声大起，诊务遍及海宁、桐乡、临平一带。在行医的同时，徐子谅也开始收徒，先后授徒徐聿德、徐以吉、沈庆浩、马增寿、顾文兴、徐记洪、郁丙才、俞超梅、姚寿泉等人。小林屯里的名医胡阿仙当年也曾在徐子谅处过堂，拜他为"过堂先生"。这些徒弟学成后有不少成了一方名医。徐子谅在自己五十余年的医学生涯中，曾手录临床心得数十册，传授给其大徒弟也是其子徐聿德，由徐聿德珍藏。但这数十册临床心得，也可以说是徐子谅的一生心血，却在那十年浩劫时期，被付之于一炬……

湖津荡徐氏中医第三代中的代表性人物是徐子谅之子徐聿德。徐聿德1911年出生。1924年，年仅14岁的他便跟随父亲徐子谅习医。徐聿德从小聪慧过人，他跟随在父亲身边，一边翻读医书，一边背读医方。他从抄方开始，关注着父亲行医的每一个细节。1927年，仅仅只有17岁的徐聿德学成后，在父亲的授意下，开始独立行医于亭趾湖津荡村，成了远近有名的"小先生"。1948年，名声在外的徐聿德应临平镇太和堂国药店之邀，去该店坐诊。1952年，临平镇的一些私人诊所和药店组织了起来，成立了临平镇联合诊所。徐聿德也进入了临平镇联合诊所，成了该诊所的医生。1958年，亭趾家乡的百姓希望徐聿德能回乡行医，新成立的亭趾医院（即今亭趾镇卫生院）也向徐聿德发出了邀请。为此，徐聿德辞别临平联合诊所，应家乡民众之需回家乡亭趾医院工作。1969 年，58 岁的徐聿德，正是一位名医的黄金时代，可由于逢上了一场浩劫，徐聿德心结成患，郁郁病逝。

作为湖津荡祖传行医的徐氏第三代，徐聿德秉承家学，虚心好学，系徐氏第三代弟子中的佼佼者。徐聿德行医，临证胆大心细，选方恰当，自出机杼。尊《内经》《金匮》《临证指南医案》等书；奉"温病四大家"之法度，但师古并不泥古。临证四十余年，擅长时疫，温热病症之诊治。他的诊治思路广、辨证精，法治机圆，颇有独到之处。他对温病"三宝"的使用，举重若轻。尝云"温热病者，必评审现症，药随病变，甚者朝夕不同，惟至邪陷阴伤"，"三鲜汤"可不拘加入。所谓"三鲜汤"者，即：鲜生地甘润存阴，鲜石斛养胃生津，鲜菖蒲芳香通窍达郁。这三者的合理搭配，使之增液不滋腻，养阴不得邪，通窍以防闭。可谓匠心独运，确寓深意，颇具临证效验，将祖传的"湖津荡徐氏中医"发扬光大。1956 年，45 岁的徐聿德还参加了当时浙江省中医进修学校的函授部学习，同时他还自学一些西医知识。这个传统的老中医，思想一点不僵化，他看到了不少西医优于中医的方面，故寻求走一条中西医相结合的道路。

徐聿德不但在医术上追求精益求精，同时他也十分注重自身医德医风的修养。视病家为亲人，对待病人热情细心。1954 年的一次特大台风，刮倒了亭趾新桥上的石栏杆。当时徐聿德正要去博陆救治一个病人，可桥上的石栏杆塌了，又是狂风暴雨，怎么过去？为了救治病人，徐聿德想起了"风雨无阻"的医训，咬紧牙关，硬是在大风暴雨中爬过了这座被台风损坏的险桥，及时地赶到博陆为病家治病。就在他临终的前一天，他不顾自己已经病危，还拖着病体给湖津荡的一位病人诊治，以致自己大汗淋漓，发生休克……

徐聿德的医技、医德和医风，在家乡颇受称赞，整个运河一带都称他为"徐先生",党和政府也给了他无数的荣誉和信任。他多次被评为县级先进工作者,1960年至1963年期间还担任余杭县政协委员,历任临平镇联合诊所、亭趾医院的所(院)务委员等职。

作为"湖津荡徐氏中医"的第三代传人,徐聿德没有忘记自己的传承责任。他在繁忙的诊务中,还带教了长子徐本浓、次子徐本治两人,以及侄孙徐尚克及其他学徒王尚熊、张楚雄、王炬永、郑少丽、邹云龙等人。这些人作为"湖津荡徐氏中医"的第四代,学成出师后在当地医卫界都发挥了很大的作用,成了大大小小的名医。在这些第四代传人中,先后有不少都成了附近一带乡镇卫生院中的中医骨干和业务领导。如王尚熊担任过双林卫生院院长、王炬永担任过临平镇卫生院院长、邹云龙担任亭趾卫生院书记兼副院长。徐本治先后担任小林卫生院副院长、乾元卫生院院长、临平镇中心卫生院副院长、余杭第五人民医院协理员。

在这"徐氏中医"的第四代传人中,徐本浓和徐本治作为家学传人,其地位在其他同代传人中较为特殊。这两人也没辜负父辈的期望,学成后一直行医,几十年如一日,至今都有着四十余年的行医经历,造福乡里,并为"湖津荡徐氏中医"增光添彩。

长子徐本浓,秉承家学,至今临床40余年,名扬乡里,深得桐乡大麻、湘洋,海宁许村、荡湾,临平红丰等地病家的信赖和医术上的赞誉。他几十年如一日,只要病家有需要,他都会不畏辛劳地出诊服务。近年来,徐本浓还开设了"杭州奔农大药房",亲自坐堂问诊,以服务乡亲,且便利病家咨询。

次子徐本治,勤谨临床40余年,除精通家传温热病之诊治法度外,还擅长内科杂病。几十年的钻研,使他临床上对呼吸、消化系统疾病的诊治运用中西医结合方法,印证临床疗效较好。自20世纪80年代开始,他还开展性医学理论学习和临床实践,在男性病的治疗上也取得了一定的经验,自创之"徐氏金丹"能治疗早泄,并能延缓射精。"四珍炊"治疗肾炎，"止咳汤"治干咳，均有一定的疗效。徐本治在学术上均有所建树。几十年来，曾在各级报刊杂志发表各类著述 35 篇，其名录已被收录在《中国当代中医名人志》和《世界名医大全（中国篇）》中。

徐本浓和徐本治以及其他一些"湖津荡徐氏中医"的第四代传人，也各自带有一些学生。如今的"湖津荡徐氏中医"，在政府及有关方面的重视下，已被评为区级非物质文化遗产，是运河街道传统医学方面的一张名片。"湖津荡徐氏中医"的传承，也已发展到第五代和第六代，而且，还会继续发展下去。

除此之外，在博陆和五杭这两个集镇，旧时也各有多位民间中医坐诊。如博陆的钟氏，行医历史已达 80 余年，至今还在行医，由其第二代传人钟石因在博陆从事门诊。五杭的沈氏中医，上承晚清四大名医姚梦兰一脉，学成后便以父传子的形式在家庭传承，至今已传三代。

先来说博陆钟氏。博陆钟氏中医的创始人系博陆人钟安仁。1925年，钟安仁拜桐乡大麻的名医金子久先生为师，在他门下学医三年。1928 年钟安仁又在塘栖平宅的马幼眉先生门下学医二年。学成后曾在塘栖、洲泉、崇德及临平等地行医，后回博陆老家行医，并将一身医技传承给儿子钟石因。钟石因于 1953 年学成悬壶，从医至今。

再来说说五杭的沈氏。沈氏中医其实是塘栖姚梦兰中医内科的一脉，其创始人沈子春先生是姚梦兰的得意弟子平宅马幼眉的门生，故从这一点上说，沈子春可说是"姚梦兰中医内科"的第三代传人。

姚梦兰擅长中医内科，被誉为晚清时期"浙江四大名医"之一。他的三大弟子姚耕山、莫尚古、马幼眉均是一代名医，第三代传人中更是出了个名震沪杭的名医叶熙春，新中国成立后还曾任过浙江省卫生厅的副厅长。一百多年来，姚氏中医内科已传承六代，传人不下 200 余。姚梦兰中医内科已成为杭嘉湖一带重要的中医流派之一，在业界有较大影响。沈子春先生在马幼眉处学成后，回五杭悬壶行医，1921 年传艺于其子沈志清。沈志清又于 1955 年传艺于其子沈祥耿。沈祥耿自 18 岁那年开始学医，如今已达 60 余年，他是沈氏中医的第三代，同时，也是"姚梦兰中医内科"的第五代传人。

上述博陆钟氏和五杭沈氏，其流派均师从外地名医，如金子久晚清时在桐乡十分出名，而马幼眉则是一代名医姚梦兰的得意弟子。故钟氏和沈氏，追根述源，其师承均与"姚梦兰中医内科"有一定关系，而且师承的全都是马幼眉，应该属同门师兄弟。当然，钟安仁在马幼眉处仅学两年，似乎是"过堂"而已，但总归与姚梦兰中医一脉有着千丝万缕的联系。而前面所说的"湖津荡徐氏中医"，则就完全不同了，他们是清一色的家学传承，并且是地地道道的属于运河街道本土的一个中医流派。

传统的中医也有分类，如有的擅长内科温热病，有的擅长外科疮毒症，还有的擅长妇科和儿科。除此之外，还有一种蛇医，专门治毒蛇咬伤，过去称"草头郎中"。在旧时，蛇医大都是一些走江湖的捉蛇人，他们行走四方，靠捉毒蛇、卖蛇药为生。但是，在运河街道的博陆戚家桥村，就有个世居此地祖传的蛇医，现传承人陆洪毛已经是第五代传人了。

旧时农村中蛇很多，而且有不少是毒蛇。农民在生产劳动中一不小心被毒蛇咬伤的事情很常见。本地的毒蛇主要是蝮蛇，体色灰褐，头部略呈三角形，有毒牙。毒蛇盘踞在草丛中，有的盘在石缝里，有的盘在柴秆中。当农民在忙着生产时，毒蛇会伸头对准手上或脚上一口咬过去。蝮蛇的毒性很大，一口咬住，马上在牙齿上放出毒液。毒在人体的周围随着血液流动，咬着的地方立即红肿起来，时间一长就发黑，就得马上急救。急救方法是用绳索扎住伤口近心端，不使毒液转入体内及心脏、大脑。然后，必须马上去请蛇医郎中救治。

博陆戚家桥村的蛇医郎中陆洪毛，就是一位治毒蛇咬伤的高手。陆氏治疗蛇伤，相传至今已有五代传承了。早在清代同治年间，陆洪毛的曾祖陆小丫头不知从哪里学会了治蛇伤的绝技，从此便在家族中一代一代地传承了下来。陆洪毛的蛇医技艺是他父亲陆叙法传给他的，他从1954 年开始学蛇医，至今已将近 70 年。他家祖传的蛇医技艺主要是先把毒蛇的毒液吸出体外，再采用中草药包扎、擦毒来治愈毒蛇咬伤。早先把毒蛇的毒液吸出体外，靠口含烧酒，用嘴吸出毒液，现在则采用拔火罐的方法，然后用清水洗净，把捣烂的中草药先擦后糊，并包扎伤口。

陆洪毛的治蛇伤名气很大，同时也影响很广。临平、余杭、嘉兴、德清、桐乡、海宁等地，许多毒蛇咬伤者向他求医，他至今已治愈了无数人。现陆洪毛也把蛇医技术传给了他的儿子陆炳良。陆炳良已快 50岁了，他在自己的农地上种植了不少的中草药，供治蛇伤用，另外还办起了一个蛇医馆。

中医博大精深，源远流长。现在虽然西医盛行，但中医还是有着自己的独到之处。运河街道这些地方的名老中医，大都已是古稀之年，但一个个都还在发挥余热，以自己的一技之长造福乡梓。

木船制造话技艺

　　在余杭水乡木船制造业中，虽然也有船匠师傅会打十几吨、几十吨吨位的硬棚船和数吨吨位的软棚船，但这类大船往往只是搞运输的人需要，普通的人家是用不到的。所以，余杭水乡的木船均以小木船为主。因此像之前运河街道范围一带的船匠很少有大船的打造业务，打造得最多的都是那些小木船。因为小木船与其他木船比起来，在这一带的需求更广。特别是在一些田地离家较远的自然村里，几乎是家家都需要有小划船。另外，博陆集市西端有不少靠打鱼为生的渔家人，也是家家需要一只小渔船。由于这样的特别需求，造成了这一带绝大多数的船匠们只会打小木船，大一点的木船有可能他们一辈子也没有打过。不过，大一

锯板造船　　　　　　　　　　　　　　　　尤源海　画

点的木船在亭趾、博陆、五杭一带也时有所见，船主主要是比较殷实的人家。老人们所熟知的航船也属于较大的木船。

虽然大多是小木船，但也因为用途不同而有着不同的种类。故此，小木船与小木船之间也会有一些细小的差别。船匠师傅在为东家打船时，往往会先问清东家，你打这条船是派什么用处的，然后再根据东家用处的不同，来打造适用的小木船。

一、小木船的种类

余杭运河水乡一带的小木船，根据其实用的用途，大致可分为小划船、小客船、扪鱼船、田庄船、放鸭船和摆渡船等几种。

小划船

小划船在运河一带乡间，又被称作"手划船"（名称相对于绍兴一带常见的"脚划船"），这是水乡农村最为常见的一种小木船。

在水乡，开门就见河，三湾六角、七兜八浜，很多地方都是无船不

打铁桥   尤源海　画

通，出门非得用船不可，于是，不少人家都有一只甚至几只小划船，以供家人出门干活或办事所用。这种小划船整条船的船形似杨柳树的叶子，两头显得狭小而中间则显得略为宽大，小划船的长短都差不多，船长约 10 米左右，宽 1 米左右。这种船有 3 个舱，分别为前舱、中舱和后舱（俗称船头、船肚、船艄），舱与舱之间用挡板相隔，上铺横板，俗称"饭台（可在船中用饭处）"。这种船能载七八个人，载货约一千多斤。这种船在行驶时以驾船人用木制划桨划水来作为前进动力，这划桨在境内民间又称为"划楫"。由于小划船是靠人工用手挥动划桨来划水前进，故小划船又被称作"手划船"。

这种小划船的前舱还可架设一个桨架，这是为行远路准备的。如果这条船要行远路，会有一人或两人在船头（前舱）右侧的桨架上加上木桨，用力扳桨为驾船人助动，后艄那个驾船人则用划桨把持航向。前面有了双桨助力，小划船的行驶速度可以快上一倍多。桨架有双人的，也有单人的，桨架上端的桨笃子上套有稻草拧成的桨箍，桨箍箍住木桨不使滑脱。如果是双人桨架，前边第二人即在船帮上横搁一块木板当座位，双脚恰好可以撑在船的横隔板（俗称饭台，两侧凿有方眼，桨架一端即插在右侧的方眼中）上，易于借力。扳桨用的木桨比把艄用的木桨大一些。这种船的吃水极浅，水浅一点的小港均能进去。由于吃水浅，所以来往方便。但这种船因其船性极活，脚踏一侧就容易侧翻，不是水乡的人往往不太敢上船。

这种小划船在水乡用途极广，除了平时出门干活时要用外，逢年过节走亲戚，它就成了私家的小客船。一只小船，一家老小都可以在船中坐下（舱中可以放上小椅子、小凳）。等到地上和田里的农产品丰收了，大家都挤在附近的地方卖，不容易卖得掉，于是有些吃得起苦的人就开始出远门去上海、湖州、嘉兴等地去贩卖这些本地的土特产。当他们需要出远门去卖农产品时，这种小划船又成了一只连家船，出门时中舱载货，装上要卖的土特产，而在前舱盖上一个用芦苇编织成的船棚，一般为两进，有一进可推，在前舱底部铺上舱板，放上被子。这样，前舱就成了晚上睡觉的地方。然后又在后舱放上一只缸缸灶，用来煮饭烧菜。再带上锅子、碗筷，以及其他一些生活用品，便可以出门了。小小的一只小划船，此时便成了出门人流动的饭店、客栈。旧时，这一带农民经常有人出远门做生意，短则十天半月，长的则需个把月，吃住均在这只小划船上。这只小划船，不但是他们的出行工具，而且还是他们的一个流动的家呀。

这种小划船，有些地方还被人们用来当作载人放渡的渡船用，但亭趾、博陆、五杭一带这个用法较少见。旧时塘栖一带田地比较少，一些人家没多少农活可干，又不习惯去出远门做买卖。于是有一些人就用船来载客，为进出水乡的人提供方便，他们称作"放渡"。这种船由于船只太小，不是真正的客船，往往只往返于村落与集镇之间。如塘栖到丁山河，当时陆路不方便，就从圣堂角上雇一只船走水路过去。

值得一提的是，境内的农家旧时也有用橹摇的小船。这种小船比小划船略大一些，一人摇船，可载人，亦可载货。

小客船

小客船同样也是一种小型木船，它和小划船一样，也分为前、中、后三舱，但它的体积比小划船来说要略微大些，船底比小划船也更为平坦，因为这种船都是用来载客人的。这种船用中舱来载客，由于这种船远路也跑，故舱底有木板拼成的床板，床板上还有席子和被褥，方便旅客晚间休息。舱前两侧则铺着木板供旅客入坐。还备有小木桌，可在船中喝茶、饮酒、吃饭。舱上端一般都铺设有芦苇棚架，棚架上还设有简单的推窗。虽没有花船一样的画栋雕梁，但也较为精致。后舱则是船工划船和做饭的地方，并放有一只小缸缸灶。

小客船与那些从这个埠头到那个埠头有着固定航线的航船不同，它是没有固定的航线的。那些航船相当于现在的大客车，往返于固定航

陆家河　　　　　　　　　　　　　　　　　　　尤源海　画

线。而这种小客船却相当于现在的出租车，根据客人的需要，你要上哪里就载你到哪里。这种小客船俗称"载船头"，就是当时的"船的"。沿途中有的还会根据客人的需要向客人供应酒菜便饭，十分方便。这种客船的收费有两种，一种是把你送到目的地的价格，另一种则是包船的价格，双方协商，包几天，多少钱。然后船就跟着你，你要他开船他就开船，你要他等候他就等候。旧时那些大户人家出门，往往都会包一条这样的客船，以免去与众多的客人一起挤航船之苦。旧时的五杭水乡码头蔡士年夫妇家里就有一条轻快的小船，为客商经营此项服务项目。

抲鱼船

有道是"靠水吃水"，运河流域一带，有着不少靠在运河中捕鱼为生的人。在运河水乡一带，"捕鱼"方言称作"抲鱼"，水乡的乡间旧时有着不少"抲鱼人"。抲鱼是一种水上作业，需要有适用的船只。一般来说，普通的小划船也能划着去抲鱼，但小划船去抲鱼不专业，因为它没有地方可以养抲上来的鱼。所以，为适应那些专业渔民们抲鱼的需要，船匠师傅就专门打造了一种专业的抲鱼船。

根据其捕鱼方式的不同，人们往往还可以将抲鱼船分出许多门类，如打网船、丝网船、滚钓船、钓子船、排筒船、插网船、墨鸭船等。但本土的这些抲鱼船清一色都是同一种船，无非是因船只上的抲鱼方式不同而称呼不同而已。无论你是打网船、钓子船、排筒船、插网船还是丝网船，其船的本身却是同一种样式的船。当然，这仅仅局限于本土渔船，那些外地进入的渔船又该当别论了，如绍兴传入的抲鱼船，苏北过来的扒螺蛳船，以及一些船上住着一家人的大型的抲鱼船，与境内的抲渔船都是不同的。

运河本地的抲鱼船，其实就像乡间常见的小划船，它比普通小划船更小、更灵活一些，不同的地方就是比普通小划船要多出一个舱，不仔细的人可能区分不出来。再一点，本地的抲鱼船两侧上端都没有一般小划船相似的护木（俗称"船撽子"），因此抲鱼船更显得轻巧。船匠师傅在打船时知道这船是用来抲鱼的，他就会在前舱靠近中舱的地方多放一

广通桥   尤源海　画

根档板，民间称"饭档"，从而再多隔出一个舱来，这个舱就是鱼舱，用来养渔民抲起来的鲜活鱼虾。抲鱼船的中舱有时会盖一个棚，需要在外过夜时可在中舱休息。前舱的船头是供捕鱼者工作的地方，放钓子、撒网、下丝网，操作者均在船头操作，而船艄则是助手划桨的地方。旧时抲鱼人出门抲鱼时，通行夫妻船，丈夫在前面抲鱼，妻子在后面划船。也有一些父子船，父亲在前面抲鱼，儿子在后面划船。

在打造抲鱼船时，船匠师傅还会在船艄的船舷上设个桨孔，每当捕鱼人出门抲鱼时若没有人帮他划船，而需要他独自一人抲鱼时，他会在这桨孔上挂上一把小桨，用来给船把舵。

所以，这多出的一个小养鱼舱和船艄的船舷上设的那个桨孔，以及少了船两侧长长的护船木条，再加上船型更为轻巧，这几点是本地抲鱼船和普通小划船的大致区别。

田庄船

干农活，境内方言说成是"做田庄"。"田庄船"就是农船，顾名思义就是一种用以"做田庄"的船。

干农活离不开交通工具。旧时，山区用独轮车，平原用手推车，而在水乡，则是用船只了。在运河三乡地区，旧时干农活老是需要用船来运送一些物品，如运肥料、捻河泥、装草灰、运秧苗、运稻谷、运稻草，这些田里的农活全都需要用到船。一家一户干活时，一般的人家靠小划船装装也就足够了，只有那些田地多的人家雇工干活，小划船装装不够了，才会让船匠师傅打上一条比小划船大的，并用木橹摇行前进的船只。

新中国成立之后，实现了互助合作化，田里的农活都由社员们集中在一起干了。特别是到了人民公社时期，集体化的农业生产，集体出工，集体收割，无论是载货还是载人，一般的小划船都满足不了需求了。因为小划船实在是太小了，它只能满足一家一户的需要。于是，当时的各个生产大队、生产队便开始添置一种比小划船要大得多点的农船，这种船就被称作"田庄船"。

这种"田庄船"的载重量大多在三到五吨，船体长约七八米，船头似斧头形，船底十分平坦。整条船与小划船一样，设前、中、后三个舱。由于船体比小划船要大得多，故不再使用划桨作动力，而将划桨改为船橹，在船艄上摇橹作为动力使船前进。这种"田庄船"由于是靠摇橹来前进的，故在民间又被称作"摇摇船"。境内田庄船上使用的橹都是弯的，橹身与橹柄有一定的钝角及弧度，形似琵琶，故民间称其为"琵琶橹"。摇船时，同一支橹，可一人摇，也可两人摇，还可以三人摇。附带说一句，由于当时这种农船大多是以水泥浇制的，所以被称作"水泥船"。

到了 20 世纪 70 年代，田庄船（大多是水泥船，也有个别木质船）用上了新的动力装置，人们开始在船艄上安装上一台挂桨机，用柴油机来充当动力，既省了劳力又速度更快，所以这种船很快便在水乡地区得

捻河泥

尤源海　画

到了普及。由于田庄船上安装了挂桨机，于是，人们又将这种船艄上带挂桨机的船，称作"挂桨船"。这种船在社队企业兴起及汽车出现后的90年代起已被逐渐淘汰。

放鸭船

放鸭船是一种水乡农村里专门用来放鸭的小木船。这种小木船是一种特殊的船只，它只是用来放鸭，基本上派不了其他用场。这种船的造型非常特别，其外形活像一只小划船从中给锯成了两只，像半只船。

老底子农村里养鸭的人还是蛮多的，俗称"赶大（读'度'）伙鸭"。那时在当地有句老古话，叫"亏空一屁股两疙瘩，明年赶一百只生蛋鸭"。从这句话中可看出养鸭利润是相当不错的。但养鸭又十分辛苦。老底子的养鸭人为了节省饲料并让鸭子"吃活食"，都是把鸭赶在河流中自由放养的，让鸭自己在水中寻食。鸭在水中游，上南落北，放鸭人不跟着不行，要跟着就得有船。但打造一条小木船不但费用大，而且小木船不够灵活，不适于跟随鸭子前行，也去不了一些浅滩窄湾。于是聪明的船匠师傅就为这些放鸭人量身定做，发明了这种将小渔船一分为二的小船。由于它属于专船专用，故人们便将这种船称作"放鸭船"，也叫"赶鸭船"。有了放鸭船之后，那些养鸭的人就用它来作为一种放鸭的工具，赶着鸭子按他指定的线路前行。

这种船只有前后两舱，一般前舱是用来放东西的，往往会放些饲料什么的，有时放鸭人热时脱下的衣裳也放在前舱。而后舱则是站人的，是放鸭人的工作场所了。这种船既不用橹又不用桨，放鸭人只用一根小竹篙，左一篙右一篙地撑动船只前行。同时，小竹篙还可用以指挥和驱赶鸭群。

这种放鸭船因其船身极小，故其船性极活，没有点平衡功夫是绝对驾驭不了的，就是那些划船高手，没上过放鸭船的人也都轻易不敢上去。

摆渡船

摆渡船是专门为方便行人过河而设的，一般都在水乡热闹集镇边无桥的河流上设渡口，用船只给往返集镇的行人摆渡。行人摆渡时，一般随手在摆渡人预先放置的容器中放一些零钱作为劳务费，不拘多少。有的自然村（或生产队）也会定时给摆渡人一些适量的补贴。

摆渡船离不开渡口，故说到摆渡船，先得说说渡口。

宽阔的江南运河及其大小河流沟通了周边的水网，灌溉了境内的土地。但这些河流也使两岸的交通造成了断裂，给两岸的行人带来了诸多的不便。为了要到达彼岸，最好的办法就是在水面上造桥。但是由于这一带的河流大多水面较宽，造桥非常不易，而且费用也十分巨大。于是，人们便想出最简单的办法，那就是河边设个渡口，用渡船给来往的行人摆渡。据资料记载，老底子的京杭大运河从山东到杭州沿途有渡口数百个。光是余杭一带，渡口就有许多。临平星桥一带的上塘河里，旧时三里一渡，九里一桥。至今还有着不少地名以渡口命名，如岳庙渡、保幢渡等。五杭东面过去有个地名叫黄家渡（即现在的黄家桥），也是一个以出名的渡口命名的地方。后来有人出资造了桥，渡口撤销了，而地名却还是有人叫。有了渡口，必须有渡船。于是，摆渡船就应运而生了。运河一带的摆渡船大多是舢板式的平底船，宽敞平稳，船体比田庄船还要大些和短些，以摇橹为动力。一般乡村中的渡船，船上都没有棚的，俗称"赤膊船"；而一些集镇上的摆渡船则条件略好一些，船上会有棚。一般的摆渡船都有一位固定的摆渡船工，平时就居住在渡口旁的小屋里，随时等候来客过河。若来客是从对岸来的，就要在对岸大声呼叫摆渡人摆渡。五杭之南旧时有一处名叫"三角渡"的渡口，地处河道分岔口，共有南、北、东三个渡口。北面是杭南村的池郎，东面是胡家坝，南面是乾元乡的隔墩坝。现在两边河道上都造了桥，但这个地名却流传了下来。

五杭开临平的航船 尤源海　画

摆渡船中最有趣的是一种无人摇橹而仅由过客自己拉索过河的摆渡船，这种没有人操作的摆渡船称"扯渡船"。这种船一般均设在很少有人经过的渡口。由于过往行人很少，若是设专人摆渡不划算（或称"养不活"）。但虽然过往行人不多，但毕竟还是有人非从这里经过不可，于是就设一只无人摆渡的扯渡船。这种扯渡船在船头和船尾上各系上一根绳子，分别通向两岸，并将绳一头固定系在对岸。行人需要摆渡时，到达渡口则需要找到系绳的地方，先扯动绳索，荡漾在河中间的渡船自会被你拉过来。上船后再扯动另一根通向对岸的绳索，船就会慢慢地驶向对岸。这种扯渡船的出现，充分显示了民间百姓的智慧。而这些扯渡船，旧时大都是当地一些乐善好施的人家出钱打造的，也有的是一个地方的农户集资打造的。

"扯渡船"的造型也比较有特点，与其他的船只不一样，大都呈长方形，少数也有正方形，有大有小，一般长为 3 米左右，宽为 1 米多，平底，只设一个舱，用来站人放物。

二、小木船制造技艺

纵观我国的造船史，最早的船只是筏子。人们为了解决在水乡的出行问题，从木头在水中的浮力中得到启示，开始集木为筏，或是用竹筏和皮筏，用不同质地的筏子来解决人们在水乡的出行问题。然后又在筏子的基础上进一步发展，采巨木凿木为舟，因而又出现了独木舟。

在余杭的历史上，也是有独木舟的。这一带造船业的发展和整个中国造船业的发展史一样，由木筏到独木舟，然后再到木板船。这一说法，由考古工作者给出了结论。2010 年的 12 月 12 日，浙江省文物考古研究所在余杭茅山遗址进行的第二次考古发掘中，在遗址中发现了一条古河道，继而又在这条古河道中发现了一条独木舟。这一发现，有力地实证了早在良渚文化时期这一代的先民就已经在使用独木舟了。

茅山遗址，位于杭州市余杭区运河街道的西南面，即今东湖街道所属的上环桥村的村北。这条独木舟是在位于茅山遗址南部的一条古河道中发现的。这条古河道是一条南北向的河流，通往北侧的村落，河道呈喇叭口状，南面宽北面窄。位于这条古河道中的独木舟，全长 7.35 米，最宽处为 0.45 米，舟深约 0.23 米，船沿厚度约 0.02 米，系由整段巨木所凿成。这条独木舟头尖尾方，虽然局部稍有些残缺，但基本保存完整。

这是余杭境内首次发现的史前独木舟，也是良渚文化遗址中首次发现的独木舟。这条独木舟，是国内考古发掘中迄今为止所出土时间最长、保存最完整的史前独木舟。这对于研究我国的水上交通史、了解良渚文化时期先民生产生活状态，提供了珍贵的实物资料。这条 5000 年前的茅山独木舟的发现，再现了余杭地区木船的前世，实证了茅山乃至运河街道一带先民们的水上交通工具也是走了一段从舟到船的过程，这对探讨余杭地区木船的前世今生有着极大的研究价值。在余杭的船舶史、航行史上，也是浓墨重彩的一笔。

自从有了独木舟之后，人们的出行比木筏时期要方便了些。但时间一长，人们发现独木舟受木头限制，不够宽大，既不能多载人又不能多带货。而且它的制造还受着材料的限制，毕竟没这么多的巨木呀，况且制作实在费时又费工，没有多少独木舟可以生产。于是，人们又开始动脑筋，寻求替代物。他们发明了锯木为板，又将木板拼接起来，从而产生了木船。

余杭是水乡，水乡离不开船，船是水乡人民一个永远也讲不完的话题。对船的依赖，同时也促使了运河沿线造船业的繁荣。余杭的造船业，起始于何时？虽然现在有实物证明，早在良渚文化时期余杭就已经有独木舟了，但以拼板的方式造船，又是起源于何时呢？据目前能找到的文字资料记载，余杭水乡木船制造的历史，最远可追溯到元代。元代末年吴王张士诚因作战需要，嫌原先的运河河道太窄，故将江南运河改道，不走原来的上塘河而改走下塘，集聚了大量的民工在塘栖一带开掘新开运河。这大批的民工集聚塘栖，使塘栖一下子繁华了起来。人一多，对船的需求也就多了起来。据《塘栖镇志》记载："水乡交通工具是船，早在元朝，大批船工、船户聚集丁河，其时，造（木）船，租船中心初具规模。"当然，境内在元代以前肯定已有造船业的诞生和发展，只是不见具体的文字记载罢了。

自元朝以后，随着新开运河的开掘而成，这一带的商业开始繁荣，集聚的人也就多了。人一多，其对造船的需求也更多了。就这样，越来越多的船匠师傅汇聚在水乡各个集镇，使造船的技艺在这一带年复一年地传承了下来，并使塘栖、博陆、五杭等一些运河边上的集镇逐步发展成了本地造船业的中心。

余杭水乡的木船，大都是小木船。制造小木船，在余杭民间称作"打船"，这种"打船"的技艺都是一种纯手工的技艺，是由一代一代的船匠师傅们师徒相继，手把手地传承下来的。千百年来，境内传统的木船制造技艺没出现什么明显的变化，一招一式，按步就班，还是按照几百年前的古法。直至20世纪60年代末境内最后一批木船的制作，还是那时船匠师傅们的师父、师祖当年传承下来的方法。

有道是"工欲善其事，必先利其器"。同样的道理，船匠师傅要打好船只，首先必须要有一定的工具和必备的材料，没有工具和材料，"打船"便成了无米之炊，便无从谈起。所以，说到这"打船"的技艺，首先也必须从这"打船"所必需的工具和材料来谈起。

1. "打船"所需的工具

打船的师傅在民间被称作"船匠"。其实，这"船匠"和"箍桶匠"一样，都是从"木匠"这个大类里细分出来的，都是与木头打交道的手艺人。旧时的木匠是个大行当，细分的话可分作为"五木"，分别为大木、小木、细木、圆木和船木。其中，这"船木"指的就是船匠。所以，船匠其实就是木匠，他们所干的活都是与其他木匠师傅一样的，是与木头打交道，只是细分之后具体的小门类不同罢了。因此，船匠师傅在打船时所使用的工具，几乎完全与普通木匠使用的工具相同。

"打船"所需要的主要工具就是那些常用的木匠工具，主要有：锯子、斧头、榔头、凿子、顶送（音同"兄"）、刨子，除此之外，还有木尺、角尺、墨斗、木钻头等。

船匠师傅所用的锯子，种类很多，有大锯、中锯、小锯。一般来说，每个船匠师傅都会有好几把锯子，从而根据不同的材料来选择用不同的锯子。而斧头、榔头往往都只有各一把，因为有一把就够用了。那榔头即是木工榔头，铁身木柄，铁身的一端是圆形的榔头，用以敲击；另一端生有"耳朵"，中间有条缝，用来拔钉头用的。至于凿子，往往也都有着多把，有方凿、圆凿、偏凿、快凿、分凿等，以应对制作时不同的需要。船匠师傅的刨子和普通木匠一样，也有着多把。从长短分，有长刨、短刨；从用途分，有粗刨、细刨。其他的如木尺、角尺、墨斗、木钻头，也都只有一件，因为这些工具的用途单一，有一件就足够使用了。

2. "打船"所需要的材料

余杭水乡的船匠师傅所打的水乡木船大多是一些小木船。"小木船"，顾名思义就是用木头打造而成的体积较小、载重量也不大的船只，它的主要材料必然会是木头。

有各种各样的木头，小木船的制造对所用的木头很有讲究，它必须要用杉木。杉木的木质呈现黄白色，纹理直，耐变形、耐腐力特别强，而小木船打造而成后是要长年累月与河水直接接触的，这耐变形和耐腐力对船只显得特别重要。而杉木超强的耐变形及耐腐力是其他木材无法与它相比的。正因为这一特点，所以杉木被广泛地运用在造桥、造船和造房子上。

打造小木船所需的杉木，还必须非要用原木不可，而不能用现成的杉木板。"原木"是木材行业中的术语，其大致意思是整株树木砍伐后按一定的质量标准和长度截成的整段木头。按我们民间通俗的说法，"原木"就是整棵树去掉树梢、树根后的整段木头。为什么非要用原木不可，据一些老船匠介绍，主要是因为符合造船需要的长度、厚度的杉木板在市场上并不是太好找，故需要专门定制。因此他们这一行祖祖辈辈传下来的规矩即是必须要用原木，将原木采购来后，要根据自己的需要来锯板。就这样，需要打船的人家，先要去木材市场将原木买回来，再根据船只大小的需要，由请来的专司锯板的船匠师傅来锯成一定厚度的木板。

除了杉木这一主料外，打船时还需要一些辅料。辅料大致为铁钉（因为规格特定，专供打船用，所以亦称"船钉"）、白油、麻丝、石灰、桐油（红油）等，其中对铁钉的需求量较大，一般来说打一只小木船需要 10 公斤左右的铁钉。而且这铁钉的种类很多，大致有泡头钉、耙头钉、枣核钉和催钉等，老底子的铁钉都是手工打造，专门有铁匠师傅打造这些造船所需的铁钉。后来，铁钉有了机械化生产。

3. "打船"的工艺流程

说过了工具和材料，接下来，该来说说"打船"的制造工艺了。

打造一艘小木船，做起来很麻烦，一个船匠师傅打造一条小木船，工序一道接一道，起码要做上十几工生活。可是，这工序说起来却十分简单。打造一艘木船的工艺流程，主要由十几道工序所组成，其前后顺序如下所示：

选材—锯板（落料）—穿船底—上帮板、饭档隔板—上栏（音辣）子—做船头、艄板—打钉眼钻洞—敲催钉—捻缝搭钉耙油灰—抹白油—抹桐油。

早些年，百姓们家里需要打船了，东家（民间将家里要办大事的人家的主人叫作"东家"）便会事先去找好船匠师傅，船匠师傅会与你说好个具体的日子。到了这个日子，船匠师傅会带着东家去木材市场挑选木料。这一步，就是选材。因为一般的东家对木材的好坏是不懂的，所以选材时往往都拖着船匠师傅去。因船匠师傅是吃这碗饭的，他们的眼光不会错。再说，材料买得好，他们做起活来也会得心应手些。等到买好的木料运到东家的家里后，船匠师傅又会与东家一起，商定一个正式开工的日子。也有的先选好开工日子再去买木料，木料一买到，就立即可以动工了。

到了正式开工的日子，船匠师傅一早就会来到东家家里。一般来说，船匠师傅会带上一两个徒弟或帮手来做下手，自己做"把作师傅"。打船时先要落料，落料就是锯板，将买来的原木锯成木板。老底子这锯板都是人工锯，锯前由"把作师傅"先在原木上划好线，再由上下两个人拉锯子对锯。锯时将原木一头搁在三角架上，固定好，一人站在原木上，一人蹲在原木下，就这样，一上一下开始拉锯。锯原木既十分辛苦又十分讲究技术，有的地方会有专业的锯板师傅进行操作。这木板锯得直不直就得看这上下两个人之间的配合程度了。再后来，有了锯板工场，人们需要落料就去锯板工场加工，称作"冲木头"。这"冲木头"因为使用了机器，所以既省力又锯得直，你只要把需要的尺寸告诉他们就可以了。这锯板工场的出现，大大减轻了造船的劳动强度，使完工的工期也为之提前。

　　锯好或冲好的木板还要分割成一块块的船板，船的部位不同，其船板的大小也是不同的。哪块做船的底板，哪块做船的帮板，都是有一定的讲究的，这些都由把作师傅确定。"把作师傅"会根据自己的经验把所需要的船板全部落好，再分门别类地放着，划上记号备用，接下去便是正式动工打船了。

　　"打船"正式开始后，首先要穿底板。船的底板要用一块块木板穿成，这"穿底板"在整个打船的过程中是极为重要的一道工序。这底板穿得正不正，直接关系到这艘船的质量好坏，同时也直接体现出这船匠师傅的技术水平。底板如果穿得不平整，等船打好下水后，整条船在水中的平衡性就会打上折扣，会出现船往一边侧的现象。所以，在"打船"的过程中，船匠师傅都非常重视"穿底板"这道工序，往往穿底板的活基本上都是由把作师傅一个人亲自来动手的，那徒弟或帮手只能做递板的辅助工作。在"穿底板"时，先是把一块块的木板刨得一样厚薄，再是将一块块单一的木板穿成一个整体。船匠师傅技术水平的高低，就看这穿好后的底板是不是平整。那些技术好的船匠，拼接完成后的底板会显得十分平整，像原本是个整块的板一样。

　　底板穿好后，接下来就要上帮板及船中舱与舱之间的夹板，这舱与舱之间的夹板，乡间称"饭档"。帮板就是船两面船帮上的板，上这个帮板很讲究，要求船两面上的板要一样厚薄，一样长短，经验丰富的船匠师傅往往会用同一段木板上锯下来的板来做两边的船帮板。只有这样，才能做到两边对称，船下水后才不会倒向一边。小木船是有点长的，做船帮的木板不够长时就需要拼接。这拼接的接头就要讲究船匠师傅的手艺了。在拼接处，两块木板必须用榫头拼接，要用雌雄榫头衔接得天衣无缝。这样，船下水后才不会漏水。上帮板时，每块板必须事先刨平整，否则上好后就很难刨了。上好的帮板，板与板之间要做到光滑平整。每上一块板，都要用枣核钉销牢。

　　上好帮板后，接下去是上船栏。船栏，就是船帮上的边沿，乡间称之为"辣子"。船匠师傅把做好了的船栏装到船帮上去，称之为"上"。这道工序看起来相对比较简单，但也很有讲究。两边的船栏要做得一样厚薄，装得对称，否则会影响船只下水后的平衡性。

再接下去是做船头、船艄。做船头很有讲究。在旧时，乡间百姓认为有船头菩萨，考究的人家等船匠师傅船头做好后，在装上去之前先要请一请船头菩萨，然后再让船匠师傅将船头装到船身上去。

做好船头、船艄后，接下来就要钉船钉了。船行水中，是有风浪的，拼接的船板，如果不坚固，是抗不起风浪的，一经风浪，便会板与板分家。那么，如何使拼接起来的多块木板变成一个整体呢？我们的祖先有办法，那就是用铁钉将板与板钉牢。一般的人也许想象不到，一条小木船上用到的铁钉居然在10公斤左右。钉钉时，将基本已造好型的木船坯子翻转来，倒扑在木凳上，然后船匠师傅用方凿在船的底板板与板的结合处斜着打上一个个呈三角形的凹眼，并在那凹眼中用钻头钻好钉眼，再用一只只催钉敲进去，将板与板之间敲牢。那敲钉的声音很有节奏，一般有两种敲法，一种是："呼笃，呼笃，呼笃笃"，另一种是："呼笃笃，呼笃笃，呼笃呼笃呼笃笃笃笃。"这造船为什么在运河一带叫成了"打船"？据说也与这敲钉有关，因为造船时拼接起来的船板需要用钉子来连接，而钉子需要敲打才能钻进木板中，这一带人方言习惯将"敲"叫成"打"，因此，便把造船叫成"打船"了。敲钉子时很有讲究，你敲得快了，那容易使木板碎裂，故需要不紧不慢地不停地敲击。从而发出"呼笃，呼笃，呼笃笃"，或者"呼笃笃，呼笃笃，呼笃呼笃呼笃笃笃笃"，其敲打的声音非常有节奏，与民间音乐一般悦耳动听，与其他木工敲钉子完全不一样。若有外来客商至此，老远即能听到声音，就知道这里有人在打船了。一条典型的小木船，要用上10公斤左右的钉子呢。钉子的种类有泡头钉、耙头钉、枣核钉和催钉。

再接下来的工序是捻缝、揩油灰。捻缝的材料是麻丝和白油、石灰粉。先按一定的比例把石灰粉和白油倒在石臼里，搅拌均匀。再加上麻丝，并搓成丝条嵌进船板之间的缝中。嵌好后必须要用凿子凿紧，表面上再揩上舂成饼糊状的油灰，然后与板刮平。那船的底板上敲过钉头之处留有一个个的钉疤眼，这些钉疤眼全都要用油灰填满揩好，然后刮平。这些捻缝、揩油灰的生活，虽然十分简单，但却显得十分重要，一定要仔细和细致，不可遗留缝隙。这道工序，把作师傅一般来说都是让徒弟和帮手来做，他自己此时往往在一边喝喝茶，一边指点指点了。

等到捻缝、揩油灰的生活做好，一只小木船算完全打好了，但还有最后一道工序，那就是抹油。

抹油都采用桐油抹船，一般来说一只新船需要抹两遍油，第一遍最好是用白油，第二遍才用桐油。因为白油渗透性强，容易渗透木板，使木板吃油吃得均匀。抹好白油后再用桐油来抹第二层。桐油色泽发红，故又称"红油"。抹上桐油后，可以使船只的表面呈棕红色，更加美观大方。抹油这道程序有的是船匠师傅做的，有的却是东家自己做的。因为这道工序一是技术含量不高，二是会抹油的东家较多。在运河街道旧时的三乡范围内，凡是拥有船只的人家平时也需要对船只进行保养，每隔一年左右都要将船拔上岸来抹上一次桐油。这时，船就在岸上干搁一段时间，待抹上的桐油充分干燥后再请来帮手将船拖下水。所以，在运河街道这一带，凡是有小木船的人家，几乎没有不会给船抹油的船主。

4. 与"打船"相关的桨、橹制作

水乡的木船是离不开桨和橹的，桨和橹是木船赖以前行的推进器。离开了桨和橹，虽然用竹篙、木棍等工具也能使船前行，但用这一些工具都没有用桨和橹来得快、来得省力、来得方便。所以桨和橹是木船航行所必备的工具，也是一艘船只所不可缺少的附件。从这一点上来说，桨和橹的制作是和木船制造息息相关的一门技艺，如果将它说成是其中的一部分也不为过。所以，说到水乡小木船的制造工艺，就有必要来附带说一说桨和橹的制作了。

在旧时，余杭运河这一带的船匠师傅一般都不生产桨和橹。这不是说他们不会做，而是"术业有专攻"。这桨和橹是专门有相关的作坊生产的。老底子行当分得很细，造船的造船，做橹的做橹，各干各的活。所以，当你请了船匠师傅来家里打造小木船，你先得自己准备好划楫（桨）。当然，如果你坚持非得要船匠师傅帮你把划桨也做了，一般来说，他也会帮你做的。

老底子凡是水乡一带的集镇，几乎都会有一家或几家大大小小的桨橹作坊，这种桨橹作坊大都临河而设，方便水上来的客户寻找。因为有时难免会途中遇有桨橹损坏、丢失的情况而需要临时添置。在运河一带，这种桨橹作坊人们称作"橹店"。这些店里做桨橹的师傅一般都是父子传承，一代代地传下来。

桨和橹的主要材料同样是木头，并对木头有一定的要求，需要那些材质较硬的木料，最好是用黄桦树和苦楝树。此外，还需要一些野藤和铁箍来作为辅料。制橹所需的工具基本是那些木匠师傅所用的工具，大致有：长木锯、斧头、方凿、圆凿子、大凿、小凿、长刨、短刨、滚刨以及榔头等。

余杭木船上使用的本地橹，都是琵琶橹，其橹身和橹柄之间有一定的弧度，系分别做好后再组合起来的。制橹有以下一些工艺流程：选料—锯坯—刨光—打藤箍—组装—垫橹脐—抹桐油。相对来说，做划桨就要比做橹简单得多。划桨没有橹那么大，桨板比橹板要小多了。只要将桨板和桨柄做好后，再将两者组合而成即可。

旧时制橹，一般都根据客户要求定制。橹的大小长短与船只的大小有很大的关系，所以都是根据客户要求而定。也有一些常规尺寸的桨和橹，做好后放在店里卖，由客人根据需要选择。

三、与"打船"相关的民俗事项

小木船，在水乡民众之间是一个绕不开的话题。在余杭水乡那些运河流域的乡间，老底子家里若是要打造一只新船，这对这个家庭来说绝对是一件大事，其重要性仅次于造房子、讨娘子。由于这是一件家里的大事，所以围绕着这打船之事的前前后后，在这一带的乡间也就产生了许多与之相关的民俗事项。

何谓民俗事项？民俗事项就是民间对某一件事或某一个日子中世代沿习的一些独特的做法或者是特定的规矩。比如像端午节，我们要吃五黄、包粽子、划龙舟一样。

那么，围绕着这"打船"，在运河这一块流域，又有着一些什么样的习俗和做法呢？根据我们所掌握的资料，这一带运河流域的乡民在家中"打船"时，会有以下一些民俗事项。

挑日子

"挑日子"，乡间称"挑日脚"，也叫"拣日脚"。也就是说，在"打船"前，东家首先要挑一个正式开工的日子。

在这一带的乡间，"挑日子"是一种流传甚广的、常见的民俗事项。老底子乡民们都比较迷信，认为每一天的日子都各不相同，有吉有凶，福祸相依。所以每逢家中需要办大事时，如造房子、讨娘子、打灶头等，都要事先挑个日脚，选择黄道吉日，避开那些凶日，从而保佑太太平平、顺顺利利。有些考究一点的人家，甚至选了日子之后还不够，还要选时辰呢。因为过去认为，一天十二个时辰中也是有吉凶的。

"打船"，对旧时水乡农村的一户家庭来说，是一件仅次于造房子、讨娘子的大事，所以与办其他大事一样，事先必须选个好日子。打一条船，是一件大活，不是一天两天所能完成的，往往需要十天半月。所以民间认为，只有你的日子选得好，"打船"这十天半月才会进行得很顺利，不会出现一些兜兜绊绊的麻烦事。而且你日子选得好了，以后新船下水后也会一帆风顺，平平安安。

民间一些流传的习俗，往往许多人都是看样学样，这种情况屡见不鲜。凡是人家这样做了，我也得跟着做一下。否则，真的出了什么事是要后悔的，甚至于有的快嘴婆会在背后说长道短。至少，这样跟风做一下，能得到心灵上的安慰，认为已经对得起天地神灵了。就这样，长期以来，这"挑日子"就成了乡间一种颇为流行的民俗事项了。

旧时要打船的东家，都对这挑日子十分重视。一般情况下，要"打船"的东家需挑日子，会上街去请个算命先生，帮助推算一个吉日，来作为动工的日子。也有的人家自己去弄本黄历簿来翻翻，自己来选择一个适合开工的吉日。这"打船"的挑日子，与家中办其他事情挑日子不同，为啥？因为这"打船"还牵涉到另一方，也就是船匠师傅。你挑好的日子，你有空了，但这船匠师傅如果没有空怎么办？所以，凡是"打船"时挑日子，往往都要事先与船匠师傅作好沟通，要挑一个东家和船匠师傅双方都认可的日子。

乡间也有些贪安耽、怕麻烦的东家，认为如果不挑日子嘛，大家都挑自己不挑有点显得太另类；挑挑日子嘛，他又觉得太麻烦。于是，干脆就将这挑日子的事交给船匠师傅去做。旧时的船匠师傅，走门串户，吃百家饭，相对来说要比一般村民见多识广，对于这种看黄历、挑吉日都有点"三脚猫"。所以，他们也会"挑日子"。让船匠师傅去挑日子，对东家来说，还有一个好处，那就是不用去和船匠师傅沟通了。他挑出来的日子，他自己肯定是有空的，只要这日子不与东家家里的其他事情发生冲突就行了。

待船匠

过去这一带船匠师傅"打船"，都是上门到东家屋里去打的，一般都会带一个助手及一到两个徒弟，负责帮他做些下手生活。境内人家"打船"，一般均是就地请的船匠，所以船匠师傅都是早出晚归的。当然，有时船匠也会去一些较远的地方打船。若碰到一些路特别远的，来来回回太费功夫，则往往就住在东家的家里了，直到打好船才回家。

船匠为东家打船，中餐晚餐都是在东家家里吃，所以与其他的一些手艺人一样，被称作"吃百家饭"的。他们一家家生活做过来，饭也一家家吃过来，往往会有个比较。所以，东家往往会对招待船匠师傅的"吃"上非常地上心，乡间把这招待船匠师傅的吃，称作"待船匠"。

"待船匠"的"待"，就是招待、接待的意思，这"待船匠"，就是表示要招待好船匠。过去的手艺人大都是上门干活的，作为主人，也就是"东家"，就要负责这些手艺人在自己家中的膳食，乡间称作"待"。如果上门干活的是漆匠，就称作"待漆匠"；上门干活的是裁缝，就称作"待裁缝"；上门干活的是船匠，于是就称作"待船匠"了。

"待船匠"是从船匠师傅进门动工那天开始，到完工出门那天为止。其间，东家将负责船匠师傅每一天的中餐和晚餐及下午的一顿点心。这一带要打新船的东家，往往对船匠招待得很热情，主要表现在两个方面：一是菜肴每顿得有荤菜，二是点心天天得换名堂。碰到喜欢吃酒的船匠师傅，东家还会为他顿顿准备好酒水。东家这样做，其良苦用心一是想让船匠师傅知道这户东家待人客气，二是想用自己的客气换来船匠师傅的生活做得漂亮。

其实，你做东家的待船匠师傅好了，是绝对不会吃亏的。那些船匠师傅吃百家饭，都快成精了。人心都是肉做的，你待他好，他是会回报东家的。具体的回报在用料上，会千方百计地为东家省料。好用短料，决不用长料；好用小料，决不用大料。所以，大部分做东家的都明白这个道理，都会想尽办法待好船匠。其实，正如一句老话说的"一客气换来两客气"，你客气了，人家自然也会回报客气。旧时不光是船匠，其他的手艺人也都是这样，东家待他们好点，他们会千方百计地在用料上回报你。若是东家待他们太抠门，那么，那些手艺人则会大手大脚，让你在材料上吃些苦头。

"待船匠"有两天特别重要，一是开工那天，二是收工那天，这两天东家往往都会有大鱼大肉。特别是收工那天，考究的人家像办酒一样设宴招待船匠，感谢他们连日来的辛勤劳动。

请船头菩萨

老底子，民间的百姓大都信神信菩萨，他们认为世间万物都是有相应的菩萨在管理的，你想顺顺当当，必须敬好相应的各路菩萨。这些在水中航行的船只当然也不例外，也是有个菩萨在管的。这管船的菩萨民间认为是"船头菩萨"。一艘船，一年到头行驶在水上，风吹浪打，安全没有保障。于是，人们信神，敬奉"船头菩萨"，求得"船头菩萨"的保佑。乡间认为，只有敬好"船头菩萨"，你在水上的安全才会有一定的保证。

"敬船头菩萨"的习俗，也许是从那些长年在水上搞运输的运输船上传过来的。那些运输船上的船民，一家老小全都生活在船上，称作"连家船"。他们长年累月漂泊在水面上，为了一家大小的安全，便祈求菩萨保佑。他们各自都在自家的船上供奉有"船头菩萨"，逢年过节，初一十五，香火不断，并都有一定的祭祀仪式，很是讲究。

这些船上人家"敬船头菩萨"的习俗也传到了乡间，但这里的乡间将"敬"说成"请"。这"请"，本身就含有着一种敬意，比如"请菩萨"，就同"敬菩萨"是一样意思。于是，船上人家流行的"敬船头菩萨"的习俗，到了运河街道乡间，就成了"请船头菩萨"了。

运河街道一带的小木船比较小，在船上是无法供菩萨的。于是，这敬奉船头菩萨的信念，便留存在乡民们心里，在平时也没什么仪式，只有逢年过节请菩萨时会将这"船头菩萨"也一起请了。真正突出的敬船头菩萨的行动，是一种叫作"请船头菩萨"的仪式，这一仪式则是出现在新船的打造过程中。

打新船时，有一道工序是做船头，这是等到船身做好后才做的。等做好的船头上到整条船上后，整条船就算是打好了，接下去仅仅只是些辅助工作了。所以，人们对船头做好装到船身上去的"上船头"这道工序很重视，在船匠师傅要进行"上船头"这道工序前，一些考究的人家往往会先进行一个"请船头菩萨"的仪式。

"请船头菩萨"时，东家会把船匠师傅刚做好的船头在正屋里供起来，然后先点上香烛，再放上猪头三牲或一些荤素菜肴当供品。然后由东家出面进行祭拜。祭拜时，东家嘴上还念念有词，念的大约都是些讨彩头、求吉利的话语，诸如求船头菩萨保佑一家在水上出入平安等。东家拜好后，便要鸣放炮竹，放过炮竹后，算是请过船头菩萨了。

请过船头菩萨后，东家再将这新做的船头交给船匠师傅，由船匠师傅将船头安装到新打好的船上去。

做头趟

新船打好后，什么时候下水，这又要挑日子了。这"新船下水"对一户人家来说又是件大事。旧时在这一带运河流域中的乡民，相当重视这新船下水，事先要看好日子，要挑个黄道吉日。然后下水后这新船的第一趟航行要往平时走动最近的亲戚家里划，这一习俗乡间叫"做头趟"（俗读"大"）。

在这一带乡间，一般来说打好的新船"做头趟"，未婚男性都是往娘舅家里划。旧时这里有些考究的人家，男孩长到16岁时会给他打一条新船。这种毛头小伙子，就把新船划向娘舅家里去。有好几个娘舅的，一般会先去大娘舅家。没有娘舅的，则会去干爷，也就是姨夫家里去做头趟。但是，大部分新船，都是为已婚男子添置的，这些已婚男子新船"做头趟"时则都会往丈母娘家里划。由于为已婚男子打造的新船要多，所以，新船下水到丈母娘屋里"做头趟"，成了当地一种颇为流行的习俗。

新船去"做头趟"时，不管是去娘舅家还是丈母娘家，事先都要与对方说好，让对方有个准备。娘舅或丈母娘等亲戚，对外甥或女婿划着新船来"做头趟"也当成件大事，事先往往要用米粉做些元宝、万年青、饭圆之类，等新船来时作为礼物赠送。

新船下水时，事先要用些红丝绵扎在船头上，象征吉祥。然后请左邻右舍的小伙子来帮忙抬新船。一般是4个，前后两杠，将新船抬到河埠头下水。一路上，鸣放炮竹，热闹非凡。等到这只新船从亲戚家去"做头趟"回来，新船的主人还要在自己的家中请菩萨，称作"作响"。事先烧上一桌好菜，点上香烛祭拜菩萨，让菩萨保佑这艘新船在日后的航行过程中能风平浪静，顺风顺水，平平安安。作过响后，还要将做头趟时亲戚送的那些饭圆分赠给自家的邻舍隔壁，让大家分享，以共庆置办新船的快乐。

有趣的是，现在这一"做头趟"的习俗还在流行。

但现在随着桥梁和道路的不断修建，周边水乡一带的陆路都已经四通八达了，人们对船的依赖越来越小，已不再打造新船，交通工具出现了升级换代。20世纪90年代是买摩托车，现在又改为买汽车了。所以，"做头趟"的习俗也从当年的小木船发展到了这升级换代的摩托车和汽车上。

这一带乡间，凡是新车买来后，先要在摩托车和汽车两边的反光镜上各扎上一丝红丝绵，然后便开车出门去"做头趟"。"做头趟"时选择的亲戚，还是和过去新船下水"做头趟"时一样，已婚男子一般选择去丈母娘家，未婚青年一般选择娘舅家或干爷家。

现在的生活节奏加快了，一般的丈母娘家对女婿的新车子来"做头趟"，要做元宝、饭圆、万年青等已经嫌麻烦了，并且也有不少人已经做不来了。所以，除了少数讲究点的人家还在做这元宝和饭圆外，大部分人家都改为送一只大红包了。给你钱，要啥你自己去买。

呵呵，交通工具在升级，可这传统的习俗仍在延续。

乡间谚语传世久

"谚语"，是一种书面语言的说法，在民间，关于"谚语"的说法大都是"古话"或者是"老古话"。

"谚语"，指的是劳动人民在生产和生活中创造出来的一些带有智慧性的艺术短句，这些短句既是劳动人民对于各种生活经验和人生阅历的高度总结，又是前人智慧的体现。同样，这些短句还是一种带有经验性、哲理性、知识性、劝诫性特征的语言结晶，她既有一定的育人教化作用，又有一定的实践指导作用。故千百年来一直在民间广为流传。在这一带乡间，民间谚语十分丰富，由于这些谚语从古有之，而且都是从上一代手里一代一代传下来的，所以，乡民们习惯把这些民间流传的谚语称作"老古话"。

这"老古话"，单单从字面上去分析，则是一种又"老"又"古"的话，也就是说，这是前辈或前辈的前辈所留下来的一种非常古老的话。乡民们把这些前人留下来的谚语称作"老古话"，表达的一层意思是说明这些谚语是有着悠久历史的；表达的另一层意思是对这些谚语的尊重，因为这是先辈留下来的"老古话"，是我们的老一辈说的，其分量就显得特别重；表达的还有一层意思，指的是这些谚语之所以能称作"老古话"，说明它至今可能还是用得着，是值得我们根据这些话所说的去做的。所以，乡间对这些流传至今的老古话都非常重视，在生活的很多方面，都一直在沿习这些"老古话"所说的内容，并且一直在按照这些"老古话"在做。

乡间流传的"老古话"，在形式上来说，都是一些字数不多的短句，

131

有的一句，有的两句，凡两句者都带押韵，朗朗上口，口语性极强。这些"老古话"，往往既有生动的对比，又有形象的描绘，有的还带有幽默风趣的调侃，让人听后忍俊不禁。这些"老古话"，往往一句话讲明了一个道理；有时一句话，又为你指明了方向。所以，这些"老古话"称得上是实用性很强的。也正是由于这实用性强，才使这些"老古话"拥有了如此强大的生命力，能在民间一代一代地流传下来。这些老古话都是我们的前人集体创作，属于民间文学的范畴，是一份前人给我们留下的极其珍贵的文化遗产。在运河街道这一带，那些年长的人，不管他是有文化的还是没文化的，老古话在他们的头脑中都是根深蒂固，说起老古话来都是出口成章。他们并没有刻意地向小辈传授那些老古话，但一旦碰到相对应的事例，那些老古话张口就来，并用老古话间接地告诉你做事和做人的道理，使你留下深刻的印象。

"老古话"在这一带民间的传承，是靠老人向小辈间的"口耳相传"的方式来传承的。现在的年轻人很多不知道老古话了，这是和社会的大环境息息相关的。过去的居住是三代同堂，或四世同堂，孩子们和老人们都是住一起的。遇到什么事时那些老人嘴中脱口而出的老古话就会被孩子们记住。但现在的孩子不少从中学开始就住校了，一直到大学毕业，与父母相处在一起的时间并不多。大学毕业后哪怕就是在本地工作，与父母一起住不了几年到了结婚后又纷纷搬出去住了，因此使得父母想传承老古话给孩子也没了机会。而且现在的孩子与爷爷奶奶相处的时间更少，爷爷奶奶与孩子交流的机会也就更少了。毕竟这思想和语言的传承并不是像识字一样一字一句地教的，而是需要碰到事情时再通过即时交流来解释的。所以，虽然现在四世同堂的越来越多，但都不住在一起，基本上不"同堂"，所以年轻人很难听到"老古话"了。其次，现在的社会发展得太快，不少老古话光从字面上看，年轻人已不懂其含义了。这多种层面上的原因，使得老古话慢慢淡出了大多数人们的口头语言，成了一份需要抢救的文化遗产。

　　为此，我们觉得有必要将这一带民间流传的"老古话"提高到文化遗产的层面上来加以认识和重视。为此，我们在这里，特地收集了在这一带广为流传的其中的一部分最为常见的"老古话"，并分成"生产""事理""修养""社交""生活""自然"等六个方面，简单地给大家介绍一下当年活跃在这一带乡民口头中的这些鲜活的"老古话"。

生　产

　　这一带的乡民，旧时世代以农业生产为主业，故在这一带所流传的"老古话"中，有相当的一部分是与农业生产密切相关的。这些"老古话"由于是前人对他们所从事农业生产过程、状态及经验等的高度总结，是他们以及他们之前千百年来的长辈们留下来的经验结晶，故对农业生产有一定的提示作用和指导作用。

　　旧时，这一带是杭嘉湖平原上著名的育蚕之乡，蚕桑生产是每户农家最为重视的一项农业生产，其所带来的收入是一户人家全年的主要收入，所以为了让后代能重视蚕桑，有不少千百年流传下来的老古话，从多个角度出发，来强调蚕桑生产对一户人家的重要性。

　　家有百株桑，一家吃勿光。

　　种得一亩桑，可免一家荒。

　　种桑养蚕，一树桑叶一树钱。

　　种桑三年，采桑一世。

　　要钞票，多种桑。

　　四旁种桑，吃用不慌。

　　识得四月天，瞓在床上吃一年。

　　生意钱，一蓬烟；蚕茧钱，万万年。

　　上半年靠蚕，下半年靠粮。

　　一年二期蚕，相抵半年粮。

　　蚕好用一年，稻好吃一年。

忙忙碌碌一个月，光头滑面吃一年。（这一句有多种说法，又作："蓬颜垢面一个月，干脚燥手过一年。"也作："蓬头束脚一个月，舒舒服服吃一年。"）

以上这些有关蚕桑生产的谚语，都是前辈们在从事蚕桑生产中所得到的经验结晶，给一代又一代的养蚕人强调了养蚕的重要性。你看这句"要钞票，多种桑"，非常直接地告诉你，栽桑能给你带来收入。"识得四月天，睏在床上吃一年。""四月"是"蚕月"，这句话更是用夸张的手法告诉你，你只要搞定四月，就可以吃上一年。还有这句"生意钱，一蓬烟，蚕茧钱，万万年"，告诉你做生意的不稳定性，这次虽然赚到了，可下一次，说不准连老本都亏进去了。而从事蚕桑就不一样了，这相对来说是比较有把握的赚钱手段。这些谚语，至今还流传在养蚕人家的口头语言中，碰到相应的事件，他们张口就来。

还有些老古话，是起到指导作用的，直接提示和指导你如何从事相关的农业生产，并且还对一些农活的重要节点进行提示，提醒你加以注意。

如下面这些：

花草加河泥，桑树长破皮。

火泥壮根，冬泥长叶。（"火泥"指热天的泥，一般泛指八月。）

三年不冬耕，桑树烂断根。

人怕痨病桑怕螨。

人怕老来苦，桑怕沿皮蛀。

人怕露筋，桑怕露根。

人怕心口痛，桑怕蛀心虫。

人要补桂圆荔枝，桑要补河泥草籽。

若要桑树好，地上不见草。

桑叶遇晚霜，愁煞养蚕娘。

腊月摘桑，好似梦中移床。

桑地冬耕有三好，保水灭虫除杂草。

人粪黄花草，桑地两个宝。

宁可蚕老叶不尽，莫叫叶尽老了蚕。

养蚕无巧，吃足喂饱。

头眠僵，二眠光，三眠烂泥塘。

旺食十分饱，起蚕八分饱。

小蚕靠火养，大蚕靠风养。

养好小蚕一半收。

蚕老一刻，变老一时。

多吃一口叶，多吐一口丝。

小蚕吃好，大蚕吃饱。

蚕儿要好，叶好肚饱。

大眠眠出，状元考出。

二眠顶重要，宁可不眠觉。

你看那句"人怕心口痛，桑怕蛀心虫"，直接给予你提醒，桑树最怕的是蛀心虫，你在育桑时千万要加以注意。这句"若要桑地好，地上不见草"，又是间接告诉你育桑的方法，要时常去桑地上除草，保障桑树的正常生长。还有这句"大眠眠出，状元考出"，更是风趣幽默地告诉你，蚕宝宝过了大眠，你今年的育蚕已大功告成，犹如书生考中了状元。

在谈及生产的"老古话"中，几乎涉及了旧时人们所涉及的所有生产项目，我们的前辈对每一种事项都进行了提炼和分派，为后人留下了可供参考和借鉴的"老古话"。

伏里西北风，谷子粒粒空。

六月勿热，五谷勿结。

处暑萝卜白露菜。

寒露种菜小雪腌，冬至开缸吃到年。

六月里不晒背，十二月里叫懊悔。

五谷丰登，六畜兴旺。

猪多肥多，肥多粮多。

十网九网空，一网就成功。

庄稼一枝花，全靠肥当家。

身有三分技，不怕肚皮饥。

一招鲜，吃遍天。

三年徒弟，四年半作。

徒弟出山，师傅讨饭。

裁缝勿落布，比死都难过。

漆匠勿要学，只要漆得薄。

和气生财，气急破财。

种田人讲节气，生意人讲和气。

落手快，勿遭怪。

说话蛮好听，棺材毛竹钉。

只有买错，没有卖错。

一分铜钿一分货。

不怕不识货，只怕货比货。

这里一些老古话，上面一部分是讲除蚕桑之外的其他农业生产和渔业生产，下面一部分是讲手工业和商业。这些老古话的共同特点是风趣幽默，易记易传。像"六月里不晒背，十二月里叫懊悔"这句，风趣地点明，你如果六月里不去田里劳作，到了十二月，你只好眼看人家收入满满，自己却只能后悔了。再比如这句"徒弟出山，师傅讨饭"，夸张地描绘出旧时手艺人的现状，往往带出了一个徒弟，就多了一个人来和自己竞争。所以旧时的手艺人往往只传自己的儿子和亲戚子弟，对于外人是很少传授技艺的，就是传了也会留下一手绝活不传。还有那句"种田人讲节气，生意人讲和气"，简简单单的 12 个字阐述的却是需长篇大论才能讲述的道理。旧时种田，讲究节气，什么时候种什么，都由着节气说了算，你若误地一时，地就误你一年。而做生意的呢，讲究的是和气生财，你若板着一张脸，是没有人会让你赚铜钿的。

事　理

物品都有其质量，人同样也有质量，这个质量就是"人品"。人活在世上要能明辨是非，懂得什么可为，什么不可为。在这一方面，前人留下的老古话也有不少谈及，为后辈们如何使自己做到"人品"好指出了方向。

生活中，有些人喜欢肚皮里做文章，看到了有些似乎不对头的事，这些人就是不讲、不问，不将事情弄个清清楚楚、明明白白，只是将这事情的表象默默地记在自己的肚里。其实这样是不对的，有时候，你虽然看到了一个现象，但其来龙去脉你却并不清楚，这时你应开口说话，问个一清两楚。话一说，理就明了，否则，你看到的只是表象，到底怎么样你是不清楚的。要知道，"眼见还有三分假"呢。针对这种现象，前人就给我们留下了一句老古话，叫"灯不拨不亮，话不讲不明"。老底子晚上的照明家家户户都点油灯来照明，那油灯是用一只碗，在碗中放上一些油，再在油中放一根灯芯，将灯芯的头露出油面，用火点着灯芯，就可以起到照明的作用了。不过这灯芯点着点着就会慢慢地少下去，于是不时地需要人们用工具去将灯芯拨上来，俗称"拨一拨，亮一亮"。

灯要拨，话要讲，有些时候，你将话藏在肚子里，人家是不知道的呀，难免会产生各种各样的误会。

小洞不补，大洞吃苦。

小时偷针，大时偷金。

小小秤砣压千斤。

无风不起浪，无火不成烟。

人往高处走，水往低处流。

瞎子帮忙，越帮越忙。

货比货卖不成，人比人活勿成。

门角落里撒屎，勿度天亮日。

有山必有路，有河必有渡。

麻雀虽小，五脏俱全。

灯不拨不亮，话不讲不明。

一人说话全有理，两个说话见高低。

你好我好大家好，不伤老鼠不伤猫。

相骂无好口，相打无好手。

不见人长，总见衣短。

大人说错说说过，小人说错打屁股。

一只碗不响，两只碗叮当。

帮人帮到底，救人救到头。

不识人头一世苦。

前半夜想想人家，后半夜想想自家。

烧火勿着，埋怨灶界菩萨。

邻里之间的关系都是十分密切的，但有时也会为一件小事闹得不可开交，这和"牙齿也会嚼舌头"是一个道理。人是吃五谷的，再好的修养也总会有一时想不通的时候。每逢此时，劝架的人总会将闹事的双方拉开，待事态略显平静时语重心长地说上这一句："前半夜想想人家，后半夜想想自家。"

这是一句非常出名的老古话，内涵十分丰富，充满着一定的哲理。虽然现在纯是从字面上理解，一时间会云里雾里，可放到特定的时候、特定的场景听到这句话，就会恍然大悟。人在世上，有着他的多面性，别看他这件事做得不好，似乎做得很对你不起，让你吃亏了，可是往往以前他做过不少对得起你的事，默默地吃过不少你的亏呀。今天你稍微吃了点亏，就对人家脸红脖子粗，你对得起人家吗？

所以，碰到纠纷时，要"前半夜想想人家，后半夜想想自家"。想想人家的好，想想自家的错，这样一想，一点小纠纷就过去了。多这样想想，这个社会也会和谐得多呀。

半斤八两，黄鱼白鲞。

胆大做将军，胆小做光棍。

螺蛳壳里做道场。

穷不跟富斗，富不同官斗。

穷人勿攀高亲，落雨勿踏高墩。

日里不做亏心事，半夜勿怕鬼敲门。

蚤多不痒，债多不慌。

站得直，坐得正，不怕和尚尼姑甩板凳。

要同人家比种田，勿同人家比过年。

日长话多，夜长梦多。

夜里想得千条路，日里还是走老路。

无钱量不得米，无布做不得衣。

三十六计，走为上计。

床横头一包谷，死了有人哭。

树大招风，话多招怪。

吃苦勿记苦，到老无结果。

吃菜吃心，听话听音。

吃饭防噎，走路防跌。

吃人家的嘴短，拿人家的手软。

冷粥冷饭好吃，冷言冷语难听。

篱笆扎得紧，野狗钻不进。

有理勿怕喉咙粗。

盆子合着碗价钱。

强中自有强中手。

甘蔗越老越甜，竹笋越嫩越鲜。

恶人先告状，恶狗先当道。

饿狗舔石臼，懒汉求娘舅。

火烧纸马店，迟早要归天。

多一道门，多一道风。

割割没有肉，杀杀不见血。

来说是非者，都是是非人。

水果越搬越少，是非越搬越多。

不经师傅手，弄来鸭屎臭。

平时不烧香，临时抱佛脚。

学好三年，学坏三天。

做到老学到老，东南风起好收稻。

新来乍到，勿晓得锅儿缸灶（姑娘阿嫂）。

锣鼓再大，不敲不响。

不挑担子不知重，不走长路不知远。

黄婆养鸟，越养越小。

落雨天背稻草，越背越重。

一颗牙齿痛，满口勿安耽。

无有家腥，引勿来野猫。

一笔通天，饿死灶边；百脚全通，米桶精空。

冷在风里，穷在债里。

萝卜不出芥菜种。

贪小失大，潦路落夜。

扫地扫壁角，抹桌抹四角。

贼偷一半，火烧全完。

晴天带伞，肚饱带饭。

浑天倒地，落雨削地。

瞎子吃馄饨，肚里有数。

当官一蓬烟，做田庄万万年。

癫痫头儿子自家个好。

日里讲到夜里，菩萨还在庙里。

三兄四弟一条心，田里黄土变成金。

牛皮吹得呱呱叫，回到屋里烧只缸缸灶。

豆腐里寻骨头。

石头上浇水。

十五只吊桶打水，七上八下。

门缝道里看人。

老古话常用的手法是对比，让你一听就能明白道理。如这句"冷在风里，穷在债里"的老古话，说得真到位，简直是绝了。

说到冷，人们就会想起冬天。冬天气温低，人们感觉冷。如果一刮风，那就感觉更冷，一阵阵寒风吹来，冷得你连头都恨不得能缩进去。说到穷，人们就会想起欠债。一个人如果身上背着债务，就如同背了一个沉重的包裹，辛辛苦苦干了一年，赚来的钱还不够还债，那可真是穷到家了。

一个人如果没有债务，再穷也无所谓，因为赚来的钱都是自己的，大不了人家钱多的吃肉，我钱少喝汤罢了，没有任何负担。但是你如果有了债务，那就不一样了，首先是你思想上有了负担，钱赚来第一件大事要去还人家。一次还不光还得分多次还。如果遇到债主一逼，赚来的钱全给他都不够。这样一来，那就连汤都喝不到了……

这句话其实从另一层面告诉我们，稍有办法好想时千万别去借钱。特别是那些高利贷，一旦你借上了，那么沉重的负担压在身上，那利滚利的利息会使你透不过气来，会使你变成最穷的穷人。

修　养

做人靠什么？靠良心。那良心是什么？"良心"是一个中国传统文化的名词，它是一种个人自律所遵守的被社会普遍公认的行为规范和价值标准，是一个人自律行为规范的一种基本形式。我们的祖先，对"良心"看得很重，曾有古话说："天在上，地在下，良心在中央。"又说："抬头三尺有神明。"是呀，一个人，如果没有良心，就会得不到别人的信任，就会被别人所不齿。

那么在自然界，我们所常见的大树，它的生长又是靠什么？我们的祖先经过观察后发现，树的生长是靠树皮，一棵树的成长所需要的营养，都是靠树皮来提供，一旦你剥去了树皮，这棵树不久就会枯死。我们的祖先，从树木的生长需要树皮这个现象，联想到做人需要有"良心"，于是便发明了一句老古话，叫"人靠良心树靠皮"。

这句话告诉我们：一个人要有良心。也就是说，要有做人的道德规范和行为标准，非礼勿视，非礼勿言，非礼勿为。这样，你才像个人。这句话把人有没有良心提高到了树有没有皮的高度。大家知道，树没有皮，是活不下去的。人没有良心，当然不会像树那样去死，但这种活着是没有意思的，是和死人差不多的，是没有人会把你真正当作"人"的！

这句话对我们平时的为人处事也是个很好的提醒，你想做好人，首先一定要有良心，这有没有良心可是和树有没有皮一样重要的大事呀。"人靠良心树靠皮"，老古话是蕴含着哲理在里面，让我们时时用这句老古话来提醒自己，用社会普遍公认的行为规范和价值标准来约束自己，做一个有"良心"的人，而千万别去做一个"良心让狗吃掉了"的人！

管理稻田有谷，孝敬老人有福。

人靠良心树靠皮。

年轻不闯，到老无望。

生出来是志气，教出来是臭气。

勿怕人家看勿起，只怕自家勿争气。

明人不做暗事。

快刀斩乱麻。

无事勿可胆大，有事勿可胆小。

胆大成龙，胆小成虫。

人吓人，吓煞人；货比货，卖勿成。

打煞还是吓煞多。

三分打煞，七分吓煞。

旧时行刑，往往在热闹处，从而起"杀一儆百"的作用。人是很奇怪的，有热闹大多想看，可看到险处又会受惊吓。往往刑场上处决了一个，刑场下却吓煞了三个。这就催生了一句老古话，叫"打煞还是吓煞多"。

曾有一个讽刺故事，说是两人同时得了胃病去医院诊治。其中一人得的是癌症，另一人是普通胃病。可谁知医院的检验结果搞错了人，把癌症的患者说成是普通胃病，把普通胃病的患者却说成是癌症。这一来，奇怪的事情发生了。半年后，那个普通胃病的患者由于背上了沉重的负担，日也吓，夜也愁，果然真的得了癌症，不治而亡了。而那个真正得了癌症的人却认为自己是普通胃病，心情大好，半年后，病灶居然解除了……

这是个故事，但不能说它没有道理。得了绝症，很多的时候，并不是病磨死你，而是被病吓死了。这几年来，我周边有几个人纷纷因癌症去世。从得病到去世时间极短，往往从体检出癌症的毛病开始，就进入极度恐吓的状态。于是病急乱投医，听说什么能治就去吃什么，结果不到两三年就去世了。对于这几个人，我老是在想，如果当年他不知道自己得了癌症，这两三年时间他会走吗？我觉得绝对不会走。人去了，有病的原因，也有受惊吓的原因，而且受惊吓的原因更大。最起码是"三分病煞，七分吓煞"。这真是"打煞还是吓煞多"呀。

吭没三分三，勿敢上梁山。

人怕出名猪怕壮。

豆腐水做，人心肉做。

若要人不知，除非己莫为。

勿会种田看上埭。

学好三年，学坏三天。

砻糠搓绳起头难。

小时不用功，到老一场空。

文官动动笔，武官杀脱力。

金窝银窝，不如家里的草窝。

新官上任三把火。

上梁不正下梁歪。

上面偏一线，下面歪一片。

县官勿如现管。

阎王好见，小鬼难见。

清官难断家务事。

不吃苦中苦，哪有甜中甜。

人争一口气，佛争一炉香。

王是王，拆牛棚。

牛耕田，马吃谷，各人自有各人福。

爷做官，儿享福；牛耕田，马吃谷。

一人做事一人当。

明人不做暗事。

快刀斩乱麻。

打开天窗说亮话。

明人不做暗事，正人不讲假话。

宁可明枪交战，不可暗箭伤人。

将心比自心，将身比自身。

三百六十行，行行出状元。

千讲不如一看，千看不如一练。

细想出智慧，细嚼出滋味。

最后这一句"细想出智慧，细嚼出滋味"很有意思。

人的大脑往往被称作人的"司令部"，一切智慧都是通过大脑的思索才得出来的。在运河街道，人们把这个动脑的过程说成是"想"，"想想看"，就是"动动脑筋"的意思。人们发现，越是想得仔细，越能想出名堂，越能得出智慧。于是就有了这么一句老古话，叫"细想出智慧，细嚼出滋味"。

"细"是"粗"相对应的一个字。"细"有多种含意，这里的"细"，是仔细、认真、反复思考的意思。用句通俗的话来说，脑子是越动越灵光的，碰到事情你粗粗一想，往往也会有应对的方法出来。但是这方法往往还会有这里那里的漏洞，因为想得不够周全细致，只有慢慢想，将方方面面全部考虑进去，才会想出无懈可击的点子来。这就是"细想出智慧"这句老古话所表达的意思。

至于"细嚼出滋味"，讲的是饮食。南方人饮食讲究精细，这精细的饮食需要细嚼慢咽去品味。比如吃小笼包吧，北方人见这包子这么小，一口一个，狼吞虎咽，不但不会品出滋味，而且还会被烫得"哇哇"叫。而我们吃小笼包，慢条斯理地用筷子夹起一个小笼包，先放在嘴边咬个小口，再"咝……"地一下吮出包里的汤汁，品尝美味，然后再蘸上调料，一口一口地吃这个小包子。只有这样，才能真正品出滋味来呀。

要想得到智慧，那你就细细思索，反复思考吧；要想品出滋味，那你就细嚼慢咽吧。这，就是这句老古话给我们的启示。

社　交

人生在世，是要交往的。在这个交往的过程中，你处理得好了，利人利己；你若处理得不好，虽然不一定害人，但起码是害了自己。所以在这一带流传的老古话中，有不少社交方面的，它让你在人与人的交往中，学会如何正确交往。这，同样也往往是一些做人的基本道理。

三个臭皮匠，抵个诸葛亮。

两好合一好，三好合到老。

大家马儿大家骑。

大树底下好乘凉。

人多好做事，人少好吃食。

鸭多勿生蛋，人多打绊绊。

有账算勿蚀，无账算勿出。

吃了生米饭，一面孔勿舒坦。

吃在碗里，看在锅里。

求天不如求地，求人不如求己。

自有自便当，求人心里慌。

爹有娘有，勿如自有。

拳头打出外，胳膊弯进里。

自有心痛病，难吃冷圆子。

生煞的性，钉煞的秤。

越吃越馋痨，越白相越懒惰。

不听老人言，吃苦在眼前。

面皮老老，肚皮饱饱。

瘌痢头儿子，自家的好。

卖勿掉的甘蔗，笃来笃去。

外面敲铜锣，屋里喝菜卤。

日里游四方，夜里点灯补裤裆。

人要衣装，佛要金装。

人在福中不知福，吃了五谷想六谷。

蚊子不去跳蚤来。

红萝卜上嘞蜡烛帐郎。

若要俏，冻得格格叫。

指着和尚骂贼秃。

一档里的货，一氅里的醋。

鸭肫难剥，人心难摸。

富在深山有远亲，穷在眼前无人问。

亲兄弟，明算账。

出门看天色，进门看脸色。

秀才遇着兵，有理说勿清。

芥菜籽脱（掉）勒捻线（缝衣针）丫里。

这一句"出门看天色，进门看脸色"的老古话，是十分精彩的，短短一句话，饱含着做人的道理和诀窍。若能牢记这句话，那么在你的人生道路上，你一定会受益匪浅。

老底子是没有气象预报的，人们根据经验通过看天色来识别气象，留下了许多气象方面的老古话，如"早上薄薄云，晏来晒死人""早上见红云，市上雨伞行""早霞不出门，晚霞行千里"等等。人们要出门，首先得看看天色来识别一下，途中会否下雨，要不要带雨具。于是，"出门看天色"，便成了出门时的第一选择。

如果说"出门看天色"只是一种出行的需要，那么引申出来的"进门看脸色"却是人生哲理了。人在世上，既看着各种各样的脸色，同时也给别人看着各种不同的脸色。这"脸色"表明了一个人对某件事或某个人的一种态度，能看懂你周边各种人的"脸色"，对你做人也好，办事也好，会起到很大的作用。

可能有人会认为这看"脸色"太圆滑、太世故，我为何要看别人脸色？"此处不留爷，自有留爷处。"但你这样理解就片面了，其实这句老古话中讲的"看脸色"正是一种冷静和理智的表现，正确的"看脸色"并不是让你看人家的脸色行事，而是通过看脸色来识别人。你如看不惯人家的脸色，同样可以摆出脸色来给人家看。做人嘛，需要人与人之间的交流，这交流，就是学会看"脸色"，明白你在人家那里的地位。一旦人家老是摆"脸色"给你看，那你大概是可以考虑"留"与"走"的问题了。

有借有还，再借不难。

千年勿赖，万年不还。

棺材头上踢一脚，死人肚皮有数。

粪桶料子生耳朵。

在家靠父母，出外靠朋友。

朋友妻，不可戏。

刀切豆腐两面光。

来是人情去是债。

树倒猢狲散。

锅子里的不滚，汤罐里先滚。

病从口入，祸从口出。

冷粥冷饭好吃，冷言冷语难受。

嘴唇两张皮，翻来覆去都是理。

日里讲到夜里，菩萨还在庙里。

豆腐肩架铁嘴巴。

一日上杭州，三日讲摊头。

冬瓜扯进豆棚里。

新排毛坑三日香。

偷鸡不着蚀把米。

皇帝不急太监急。

螺蛳壳里做道场。

板板六十四。

瞎猫拖死鸡。

心急吃勿来热粥（豆腐）。

要紧关头敲潮烟。

出门黄牛拖纤，回来鲳鱼射箭。

热面孔贴冷屁股。

箩里拣瓜，越拣越花。

眼花里花，猫拖酱瓜。

落水喊救命，上岸讨包裹。

小钱不去，大钱不来。

日勿讲背话，夜勿讲鬼话。

阿龙阿龙，两头脱空。

吃力不讨好，黄胖炒年糕。

麻婆（子）妆粉，蚀煞老本。

生蚕做勿来硬茧。

张开眼睛撒尿出。

问得萝卜不生根。

不识人头一世苦。

瘌子瘌到，戏文散掉。

说起曹操，曹操就到。

男子十六浪，女子十六园。

人生在世，免不了与人交往，若想成就番事业，更是离不开三五知己的相助。哪怕你是一条好汉，也有俗谚告知"一个好汉三个帮"呢。那么，谁会成为你的知己朋友呢？谁又会在你的人生之路上给你起助推作用呢？这里，就牵涉到一个"识人"的问题。

在运河街道流传的这句"不识人头一世苦"的老古话，将不会"识人"提升到要苦一世的地步，可见这"识人"是何等的重要呀。

据说当年跟着马云创业的一共有 18 个人，这 18 人让我们佩服的就是他们会"识人"，他们认准了马云这个潜力股，跟着他创业，结果跟对了人带来的回报同样十分惊人。这里作个假设，如果这18个人当年不是跟着马云，而是跟着王云、张云、丰云，他们会有今天这样的好日子吗？当然，这里也有马云的"识人"问题，马云火眼金睛，找准了合作的团队成员，这也是他成功的法宝呀。

我们余杭还有句老古话，叫"宁替在行人背旗，勿要替瘟孙把帅"，说的也是这"识人"的问题。这个人是个人才，我哪怕跟着他跑龙套都值得。当然，这里还有个对方要不要你跟的问题。为人处世，只有认准了人，跟对了人，或者是找对了人，你才有成功的可能。

那么如何去"识人"呢？明代学者陈继儒的见解，值得大家在"识人"的过程中参考。那就是"大事难事看担当，顺境逆境看襟度，临喜临怒看涵养，群行群止看识见"。

生　活

现在生活条件好了，人们都开始注重养生了，人们发现人的心态好坏对健康起很大作用，于是，"心态"一词成了使用率极高的热门词语。其实，我们的前人早就注重心态了，有一句老古话，叫"开开心心活条命，气鼓恼糟要生病"，讲的就是这个心态问题。

开心，就是心情舒畅、快乐。开心对健康能起很大作用。人是有七情六欲的，生活中谁都会碰上些烦心的事，这种烦心的事是谁也免不了的。但一个人，如果为一点点小事就气鼓恼糟，那么往小里说，会影响自己的心态，往大里说，那就会影响自己的身体了。

这里，有必要解释一下"气鼓恼糟"。这"气鼓恼糟"是我们这里的方言，是指"生气"和"烦恼"。你知道吗？经常生气可是百病之源，从中医的角度上来说，生气的危害实在是太大了，它伤脑、伤神、伤肤、伤心、伤肺、伤肝、伤肾、伤胃、伤内分泌……你看看，生气有着这么多害处，你还要生气吗？所以我们的前人告诉我们"气鼓恼糟要生病"。

烦心的事在生活中是免不了的，碰到这种烦心的事，尽量要避免生气。另外，还有一句老古话，"心宽寿长"，只有心宽宽，才能寿长长。当然要心宽，必须要练好自己的修养，修养好才能心态好。心态好才能始终保持一种心情舒畅、开心快乐的状态。有道是"笑一笑，十年少；愁一愁白了头"。长期保持开心快乐的状态，对延年益寿，绝对会起到很大的作用。

甘蔗老头甜，越活越清健。

开开心心活条命，气鼓恼糟要生病。

一人主张，不如两人商量。

棒头上出孝子，筷头上出逆子。

小时娘舅家，大来丈母家，老来囡儿家。

三家人养只牛，不如一家人养只狗。

早生儿子早享福，早栽秧苗早收谷。

肥水不落外人田。

九子十三孙，到老上孤坟。

坐吃山要空，靠天米缸空。

人老筋出，树老根出。

丈母娘看女婿，笑得蹲倒立不起（越看越有趣）。

船头上相骂，船艄上搭白。

嫁出去的女儿泼出去的水。

嫁鸡随鸡，嫁狗随狗。

寡妇门前是非多。

新三年，旧三年，缝缝补补又三年。

吃得邋遢，做得菩萨。

眼勿见为净。

好汉单怕病来磨。

穷人勿生病，好比交大运。

伤筋动骨一百（廿）天。

小肠气屏出大卵泡。

牙痛不是病，痛起来要你命。

三岁小人无假病。

虚勿受补。

十人九痔。

手痛要缚，脚痛要搁。

脚痛是犯人，手痛是仙人。

冬吃萝卜夏吃姜，郎中先生卖老娘。

一勿赌力，二勿赌食。

气宽宽，寿长长。

千金难买老来瘦。

要做夏至日，要眠冬至夜。

吃了端午粽，还要冻三冻。

年三十的吃，年初一的穿。

少吃多滋味，多吃坏肚皮。

清明螺，抵只鹅。

螺蛳过酒，强盗来了勿肯走。

生鲜熟补，呒不吃叫苦。

三斤萝卜四片肉，只见萝卜不见肉。

豆腐水做，阎王鬼做。

白吃杨梅嫌口酸。

敲碎狗（缸）食盆，大家吃不成。

有及（了）钉鞋伞，不怕天下反。

早饭吃过，熬难叫苦；中饭吃过，一半去货；夜饭吃过，武松打虎。

吃苦勿记苦，老来无结果。

少吃多滋味，多吃坏肚皮。

若要俏，冻得格格叫。

宁做鸡头，勿做凤尾。

每逢"夏至杨梅满山红"之时，这一带亲朋便会上门送杨梅。但杨梅不都是甜的，甜中带酸，有很多杨梅，不喜欢吃酸的人吃起来就嫌酸了，于是大都拿来泡酒。杨梅自古有之，送杨梅也自古有之，嫌杨梅酸的人，同样也是自古有之。针对这种自古就有的现象，我们的祖先总结了一条至今还在流传的俗语，叫"白吃杨梅嫌口酸"。

其实，吃杨梅嫌酸很正常，杨梅本身就是甜中带酸的一种水果，不喜欢吃酸的人肯定是会嫌酸的。但是"白吃杨梅嫌口酸"就不正常了，人家好心好意送你杨梅，你还嫌这杨梅酸，这就有点说不过去了。你嫌酸可以采取其他办法，比如拿来泡酒。但你千万不能嫌酸，要记得人家的这份情意呀。

其实，在生活中我们的长辈在运用这句话时基本上都不是在吃杨梅的时候，而是引申到了其他地方，凡是你对别人送给你的东西不满意时，身边的老人就会习惯性地从嘴上说出这句话来。"白吃杨梅嫌口酸"已经成了嫌别人送的东西不称心的代名词了。

中国是个礼仪之邦，生活中人情往来十分普遍。"来而不往非礼也"，今天你送我一点，明天我也得回当一点。其实在这往来之间，不应该发生"白吃杨梅嫌口酸"的事情。我们在朋友间的交往中，千万不要在乎人家送来东西的多少和好坏，而是要在乎人家的这份情意，使相互间的友情如陈酒，越久越香。

自　然

旧时没有气象预报，而气象的变化对农业生产却十分重要。于是，一代一代的前人便把他们多年来的经验积累了下来，形成了一句句自然类的老古话，让后辈能凭借这些老古话去分析天气。这些老古话在旧时对农业生产起到了一定的指导作用。

春霜不露白，露白要赤脚。

清明断雪，谷雨断霜。

小暑一声雷，十八日黄梅倒转来。

白露身不露，赤膊像猪猡。

干净冬至邋遢年，邋遢冬至晴过年。

百年难逢岁朝春，夏至难逢端午节。

春东风，雨祖宗；夏东风，燥哄哄；秋东风，晒煞湖底老虾公；冬东风，雪花白蓬蓬。

三月三落雨，落到茧头白。

春雾雨，夏雾热，秋雾凉风，冬雾雪。

黄梅天，十八变。

六月盖被，有谷无米。

初三日头初六雪。

乌云推上南，道地好撑船。乌云推落北，道地好晒谷。

雾高日头低，晒煞老雄鸡。

鸡鸭进棚早，明朝天气好。鸡鸭进棚迟，明朝必有雨。

鸡鸭出笼早，当天雨就到。

盐缸滴卤，雨没大路。盐缸还潮，阴雨难逃。

涨水螺蛳退水蚌。

满天星，明朝晴。

早上薄薄云，晚快（中午）晒死人。

天河笔直，人睏簟席；天河得角，人扯被角。

现在，有了气象预报，这些老古话似乎没什么作用了。但是，在这一带，这一些老古话还是流传在老人的嘴边。

非遗文化代代传

在运河街道，有一种文化遗产在世代传承。它活跃在民间，它以人为本，它是一种活态的文化。它，就是我们现在所说的非物质文化遗产。

非物质文化遗产，是指各种以非物质形态存在的与群众生活密切相关、世代相承的传统文化表现形式。非物质文化遗产是以人为本的一种活态文化遗产，它强调的是以人为核心的技艺、经验、精神，其特点是活态流变，突出的是非物质的属性，更多的是强调不依赖于物质形态而存在的品质。

非物质文化遗产，有着浓厚的以文化人的礼乐作用，大部分是先辈在劳动、生活中产生的对生死、婚配、祖先、自然、天地的敬畏和态度的一种表达，是满足人的自然需求、社会需求和精神需求的一种活态文化。其实用性是建立在以人为本的基础上。其表现形式体现在民间文学、生产技艺、传统体育、传统音乐、传统美术、传统医药、民俗、民族信仰等多个方面。

运河街道的非物质文化遗产，蕴藏量非常丰富，这一带先民在各个方面都为其子孙后代留下了大量的非物质类的文化遗产。自 2006 年开始，在全街道辖区内经过大范围的普查摸底，十余年来，在街道及各村从事文化工作的同志及广大关心非遗这项工作的同志们努力下，至今为止，整个街道已有 11 项非物质文化遗产被列入区级及以上"非物质文化遗产代表作名录"。这 11 个项目，从内容来看，有生产技艺、民间文学、民俗、传统医药、传统体育、传统音乐等多个方面；从级别上来说，国家级、省级、市级、区级应有尽有。而且，这里的国家级非遗项目"余杭清水丝绵制作技艺"还同时被收录进联合国的世遗项目"中国蚕桑丝织"中。也就是说，运河街道是一个拥有世界级非物质文化遗产的街道。运河街道境内，不但拥有世界级物质文化遗产"中国大运河"，而且还拥有世界级的"余杭清水丝绵制作技艺"，使运河街道成了同时拥有世界级物质文化遗产和世界级非物质文化遗产的街道。这样的乡镇街道，纵观全国，估计也是不多见的。这是运河街道的骄傲，也是这一带百姓大众的骄傲！

下面，我们来对这些非遗项目作一个简单的介绍。

余杭清水丝绵制作技艺

"余杭的清水丝绵制作技艺"，是运河街道所拥有的一项国家级非遗名录。余杭清水丝绵，早在南宋时就是贡品，到了清代，名声更盛，曾在中国历史上首次以官方名义主办的国际性博览会——南洋劝业会上获

做小兜　　　　　　　　　　　　　　　　街道文体中心　提供

得大奖。

余杭清水丝绵，是蚕桑生产中所产生的一种副产品。它是一种利用蚕茧制成的天然保暖品，其所有成分完全产自蚕茧的本身，丝毫没有半点其他的添加物质。清水丝绵的成品洁白、无味、轻盈、柔和。用一句时髦的话来说，它是一种环保的保暖品和一种绿色的保暖品。天然的桑蚕丝，由于它的成分中含有一种独特的"丝胶"成分，具有一定的抗过敏和亲肤等作用，所以长期使用丝绵被和丝绵衣裤，对人的健康还有着一定的作用。据现代科学分析，桑蚕丝的丝胶成分中还含有 18 种氨基酸，这些氨基酸的细微因子又叫作"睡眠因子"，它可以使人的神经处于比较安定的状态。因此，盖了丝绵被，能促进人的睡眠。除此之外，丝绵还具有良好的御寒性和一定的恒温性，有着"纤维皇后"之美誉。它系经纬状的网状结构，有着一定的强伸力，长期使用能始终保持着舒适的蓬松感。除此之外，丝绵还是"打绵线"的一种主要原材料。用丝绵打成的绵线，旧时用来织绸，所织成的绸被称为"绵绸"。绵绸细软，不但是极佳的被面料子，也是百姓所喜爱的绸衫料子。

运河街道地处杭嘉湖一带蚕乡，其栽桑养蚕的历史相当悠久，这清水丝绵就是伴随着养蚕缫丝所诞生的。它是在缫丝过程中所产生的副产品，也是众多蚕丝产品中的一种。是人们在劳动中创造了丝绵，是人们的聪明才智把"废"变成了"宝"。自从有了丝绵，这一带的养蚕人家便家家户户自行制作丝绵，让那些次品茧变废为宝。

运河街道清水丝绵的制作技艺，主要有选茧、煮茧、冲洗、做"小兜"、做"大兜"、晒干、整理等工序，其制作工艺完全是古法。千百年来，余杭清水丝绵因其独特的品质成了一块响当当的品牌，其制作技艺在余杭民间一代代得到了传承。如今的"余杭清水丝绵制作技艺"已被列入国家级非遗名录和联合国世界级非遗名录。运河街道是这一国家级、世界级非遗项目"余杭清水丝绵"的主要传承区域之一，这项优秀的非物质文化遗产，同时也成了运河街道一张金名片。如今的运河街道，作为这项国家级、世界级非物质文化遗产的主要传承区域，在传承和保护上分别作出了相应的努力，制定了相应的措施，在辖区内的博陆村和戚家桥村等地，还活跃着不少"清水丝绵制作技艺"的传承人，她们还在一代一代地传承着这项由老祖宗传下来的优秀技艺。

杭州运河船民习俗

"杭州运河船民习俗"，是运河街道所拥有的省级非遗项目。余杭区位于京杭大运河的南端，大运河东线自境内的博陆流入桐乡大麻，西线自余杭流入德清城关。整条大运河自西向东贯穿余杭全区，流经余杭、仓前、良渚、崇贤、仁和、塘栖、运河等镇街。俗话说"靠山吃山，靠水吃水"。历代以来，大批沿岸百姓依赖运河生存，不少人以船为家常年漂泊在运河等河道上。这些运河水乡船民由于长期在船上生活空间的限制，故产生了一些独特的习俗。

"运河船民"主要有两大类，一类以水路运输为职业，另一类以淡水捕鱼为生涯。他们的共性是常年累月漂泊在水上，生活在船上，这一独特的生存环境使他们形成了一套不同于岸上居民的生活习俗。

旧时，由于不少船民们没有在岸上定居的经济实力，无奈只得以船为家，在水上漂泊。他们没有固定的地点，今天在塘栖，明天说不定在仁和了。但有一点可以肯定，天天都在水上。

船民长期在水上生活，相沿成习，信奉"船头菩萨"。他们把"船头菩萨"的灵座供奉在船中舱左手面，并在菩萨面前摆设一只香炉，每年按四时八节祭祀。新船落水要祭水神，在舱门、船艄上挂上红绸飘带，然后用猪头三牲、香烛祭祀，并鸣放鞭炮。正月里一般船民都靠岸过年。新年后重新开船去做生意。新年开船的日子很有讲究，一般是初六、初八开船，开船要放鞭炮，把财神菩萨请上船。

船民在日复一日的摇橹、拉纤长途中感到劳累，则常常高唱"船歌"（山歌和夹板书）以解乏、解闷和发泄情绪，也使得船头、船尾两人配合更默契。行船途中以及平时休息时，唱船歌成为船民的主要娱乐方式，这些唱词通顺生动，音调节奏流畅。

船民以船为家，他们在船上生儿育女。生下小孩后，即用温水洗身。至三朝又洗一次。船民大多会把幼儿小女用绳索缚住腰身，吊牢在船上，以防不慎落水，所以有"船家的儿女——成串"的歇后语。新生孩子初次去外婆家，要给小孩舔一舔划桨上的水，表示小孩从此不怕水，懂水性了。

船尾上放小盆，种些万年青或葱之类的盆景，象征兴旺昌盛。往往还在船尾上挂一只鸭笼，养一两只鸭，说是象征船民后代有"尾"，香火不断。船家的青年男女长大后，多数寻同样的船民成亲。婚嫁那天，两亲家的船都停靠在河的两岸，新娘戴凤冠、披红袄坐小船到对岸男家的船上。在男家船舱里，新人交拜天地和船头菩萨后，大家喝酒贺喜热闹一番。第二天，两船各自驶往他方谋生，新娘就成了男家船上的劳动成员了。

五杭北街一角   尤源海　画

船民有种种禁忌：吃鱼不许翻身，认为翻身会带来"翻船"；不许将筷架在碗上；盛饭时不许说"盛"字，要说"添饭"，据说"盛"与"沉"谐音，不吉利；不许打翻饭碗，打翻饭碗也寓意翻船。

"运河船民"是一个较长历史阶段存在着的特殊群体，运河船民习俗代表着中华民族这一群体的文化传统，反映着一个历史阶段中运河船民真实的生产生活状况，承载着许多历史文化信息和原始记忆。运河街道，曾经是杭州运河船民的主要集中地，因此，也就成为这项非物质文化遗产的传承和保护地。

运河街道三乡范围内除过境流动的船民外，基本固定的船民旧时多见于五杭、博陆一带，尤以五杭北街为多。从民国时起，这些船民逐渐在街梢巷尾定居，做一点小生意以维持生计，之后逐渐融入当地居民。从20世纪50年代起，参加了供销社、商店和手工业运输业等组织。

宝　卷

"宝卷"，是运河街道所拥有的又一项省级非遗项目。

"宝卷"又称"宣卷"。它原是敦煌"变文"的"后裔"，属于讲唱文学之源。它经历了千年的风云变幻，是一种模仿佛经式的经卷作品，以说话和文字的表达方式表现佛典神力等奇迹。它长期流传在民间，以口传和卷本的形式出现，显示了民间文艺的传承特色，从而衍生下来。宝卷经受了历代的风浪扑击和传承，在民间很有活力和影响力。

宝卷的活动范围，原来大多局限于僧宇尼庵，以后逐渐流入民众家庭，起先是宣讲的仪式，继之发展为阅读欣赏的文学作品。就宝卷的内容来看，大多为劝善罚恶、生死轮回和神功佛力等为内容的曲折动人的故事，往往反映了一部分人的心态。有些演唱技艺较高的表演则更能吸引一些善男信女的同情心，加深了宗教意义的感染作用。宝卷除了在佛事之间隙诵读讲唱外，还有家庭信女常在经课之余诵读讲唱。这样的活动是历代民间文艺生活的一种重要形式。

民间宝卷是俗文学这一古老形式留存下来的珍贵遗产，与佛教有深厚的联系。它把教义的经典通俗化、普及化，是宗教宣传的得力助手。就其内容看，大致可分为宗教性的和非宗教性的两大类。宗教性的是以宗教神佛为内容的宝卷，直接宣扬迷信，鼓动民众投奔"天国"。非宗教性的则以历史故事、民间人物、传说为内容，以及反映社会日常生活斗争的故事为内容。这两种宝卷数量较大，也是民众比较喜欢的。还有是直接寄物就事创作的短歌箴言，则流传更广，不少人都能十分虔诚地引用述说和传播。宝卷虽宗变文，但其流传时间长，变异也大。常因流传地域不同而有变动，如有称河西宝卷、齐鲁宝卷等。在我们杭嘉湖地区所流传的大多可名为东南宝卷，不少抄本刻本都署有杭州、绍兴、宁波、台州等处的书局，而其语言亦多加上了地方俗语，这是十分值得注意的。

在余杭区境内，"宝卷"主要流传于临平、运河、星桥、翁梅、乔司一带，主要宝卷书目有《花名宝卷》《孟姜女宝卷》《蚕花娘娘宝卷》《怀

宝卷　　　　　　　　　　　　　　　　　　街道文体中心　提供

161

胎宝卷》《目莲宝卷》《灶君宝卷》《七七宝卷》等 30 余种。除手抄本外，还有不少刊本、刻印本。内容上，分宗教和非宗教两大类，有佛经故事、劝事文、神道故事和民间故事，劝人为善，提倡正直善良、勤劳俭朴，反对奸盗邪恶等；形式上，以七言和十言韵文为主，有一定的平仄韵律，间以散说，在开头、过渡、结尾处有一些固定的格式，一般在200 句以上。旧时的运河街道，宝卷作为一种宗教的讲唱仪式流传在乡间。那些民间艺人在宝卷的讲唱方式上有所改进，在原有吟诵式的基础上，逐渐发展加入了鼓词、山歌、夹板书、道情、花鼓戏等相关的民间曲调，从而更好地来表达讲唱的内容，使得这一带宝卷的讲唱方式既灵活多样又明快活泼。而且在讲唱的语言上，讲唱者加入了一定的地方俗语，使之更接地气，生动形象，通俗浅易，更受聆听者欢迎。

这一带流传的宝卷主要有《目莲宝卷》《灶君宝卷》《功曹宝卷》和《花名宝卷》等等。其中《目莲宝卷》，以目莲救母为主线的故事情节，它教育人们要勇敢、要孝顺父母。目莲三世救母，普遍流传的乌糯米饭即是目莲为避免送给母亲吃的饭被野鬼抢吃了而想出来的办法。《灶君宝卷》，是讲各家各户的主人灶王爷，有的叫灶司菩萨或灶家菩萨的事迹。这宝卷也叫《灶君真经》。过去灶王爷在各家中是必须尊敬的，每年十二月廿三日晚上，灶王爷都要离开人间，到天堂去向玉皇大帝汇报情况，直到次年的正月初一早上才回家。他的汇报材料就成了这家人明年凶吉、顺逆与否的铁证，所以在他临行之前，家家户户都要清洁灶头，敬上食品，点上香烛，贴上"上天言好事，回宫降吉祥"的对联和"司命主"的横额，还要做些比较黏糊的南瓜糯米饭作供品，使他吃了以后，粘住嘴巴，张不开嘴，少说话。据说他很贪吃，如此一来，这家人即使做了坏事，玉皇大帝也不会知道，得不到惩罚的。但平常人们在宣讲《灶君宝卷》时都是非常认真严肃的，要求"宣卷之家，宣时先将灶上收拾洁净，焚香点烛，礼拜之后，然后开宣"。《功曹宝卷》，又名《世界宝卷》，是记录功曹掌管的人间善恶事例，奉奏天宫，着人行善积德，要求人们每日虔诚拜诵功曹宝卷。功曹是官名，汉代郡守下有功曹史，简称功曹，相当于郡首的总务长，他除掌管人事外，并可参与郡首政务。此卷就以他作为民间地区中管理民情与上天沟通的官。全卷讲述了 24 个故事，阐明"恶人个个落地狱，善人慢慢上天庭"的主旨。

非宗教性宝卷中除了历史故事宝卷外，还有部分传说人物宝卷，这些宝卷以典型人物事迹为中心展开，往往情节曲折离奇，言论沁人心肺，悲情苦景让人们感怀。这些人物，有仙家脱俗者，也有尘环中的凡人，其聚合分散、成功失败的喜怒哀乐的滋味，融入人们的脑际，潜移默化至久远不退的程度，如一粒种子之埋于泥土中。

"宝卷"是一种集教化、信仰和娱乐为一体的特殊的民间文学样式，是民间讲唱艺术宣卷的脚本。运河街道地处杭嘉湖蚕乡，这一带的"宝卷"根植于这样的文化氛围中，随着佛事活动传入民间，并且一代代地流传了下来。目前，运河街道的宝卷传承人是唐公村的韩美仙，她的老师胡有昌（已于 2016 年过世）是五杭村人。

亭趾高跷

"亭趾高跷"是运河街道所拥有的一项市级非遗项目。

"高跷"，又叫"高跷秧歌"，是一种广泛流行于我国各地和各民族的民间舞蹈。"高跷"因舞蹈者需要在脚上绑着长木跷或者是踩着长木跷来进行表演，故而得名。"高跷"因人踩在长木跷上，故其表演的技艺性极强，表演时形式活泼，动作多样，极具喜庆色彩，深受群众欢迎。

"高跷"的产生很有戏剧性和故事性，据说，最早时是有人嫌自己长得不够高，采不到那些高大的树上所长的果子，而他又很想去采那些果子，怎么办？有个聪明人帮他想出了办法，即用两根木棍把他的双腿接高。这样，他踩着那接高了的木棍，就轻易地采到了树上的果子。这一过程正好被另一个聪明人看到了，他发现人踩着接长的木棍行走起来

踩高跷
尤源海　画

很是好看，很有表演性。于是，他便制作了长木跷用于娱乐，想不到此举颇受欢迎，人人争相仿之。久而久之，就发展成之后的高跷艺术。

"亭趾高跷"，因主要流传于运河街道原亭趾乡的道家圩、褚家坝、大来桥、余庆桥、千和桥等村落，故而在2006年列入杭州市非物质文化遗产时定名。"高跷"历史悠久，是一种传统庙会和节庆期间的民间娱乐表演活动，旧时在运河三乡周边地区极具知名度。据传，"高跷"创建于清代光绪年间，一代一代地在当地民间传承了下来，至今已有着一百多年的传承历史。

"亭趾高跷"的表演，在当地民众中被称为"踩高跷"或者是"踏高跷"，她伴随着庙会的民间艺术表演活动而产生，是旧时传统庙会中一项常见的表演活动。表演时，舞蹈者先要进行化妆，一个个全都化妆成古代传统戏剧的人物形象，有生、旦、净、末、丑等各种角色。上高跷时，还要进行固定，人踏在踏板上，从踏板起到膝盖以下小腿部分，全用绑带紧绑牢固。

"亭趾高跷"在表演时分有文跷、武跷两种。文跷以走动为主，人踩在高跷上行走自如，并双手舞动随着音乐节奏踩出秧歌舞步；而武跷则有着高难度的技巧动作，表演者踩在长木跷上，要展示跳高、劈叉、踢腿等高难度动作，作武术性、竞技性表演。

"亭趾高跷"还有高跷和矮跷之分，矮一点的高跷一般用来作扭秧歌表演，高一点的高跷只能来回走动，偶尔踢一下飞腿。"亭趾高跷"最高的高跷达到4米以上，踏高跷的人能够直接坐到屋檐上休息。一般的人别说表演，就是上都上不去，需要有多年表演技艺的人才能踩上去。

博陆火狮

"博陆火狮"是运河街道所拥有的一项市级非遗项目。

"狮舞"，又叫"舞狮子"或"狮子舞"，是我国各族一项传统的民间艺术，在我国已有着一千多年的发展历史。在这一千多年的发展过程中，狮舞不断地变化，形成了有着浓郁地域特色的、表演风格完全不同

博陆火狮 摄影 褚良明

的"南狮"舞和"北狮"舞。每逢传统佳节的集会庆典，民间都会有狮舞来助兴。这一带的"狮舞"从表演风格上说是属于"南狮"，在千百年的流变过程中，还出现了"文狮""武狮"，而且还出现了"火狮"。在我们余杭运河街道的博陆地区，就流传着一种名为"博陆火狮"的狮舞。

运河街道的博陆等地，自古就有狮舞的习俗，人们认为狮舞热烈奔放，象征着吉祥安康，故逢年过节必跳狮舞。之后到了清代的嘉庆年间，有人觉得若能将"火焰"与"狮舞"结合起来，让狮子喷火球、让狮子过火海，那不就更显得红红火火、兴旺吉祥了吗？于是，人们开始对传统狮舞进行改良，从而产生了"博陆火狮"。"博陆火狮"，又叫"跳狮"，是一种用道具狮子进行拉绳表演的民间杂技。因其表演时有火焰配合，热烈奔放，十分刺激，故深受百姓欢迎。

与传统狮舞中的人扮狮子不同，"博陆火狮"中的"狮子"是一种道具。这"狮子"先用竹条扎成框架，外面用布包扎，用线缝制，再用青松毛扎成狮皮，便成了一只威风八面的青毛狮子。狮子的头、身、脚三个部位都系有绳子，配上滑轮，加上一个彩球吊在挑杆顶端，通过滑轮拉动进行表演。表演前，狮子卧在狮床上，蓄势待发，4个参演人员各拉着一根绳。随着鼓点声起，一声令下，四人同时拉动牵引绳，这"青毛狮子"当即就像木偶似地蹦跳戏球。在狮子的前面，有人拿着火种，旁边有人拿着松香，狮子表演时有跳、蹦、抢等动作，在狮子跳跃抢球时，持松香的人当即将松香抛向火种，顿时便掀起一阵火海，红火绿狮，相映成趣。

"博陆火狮"的表演观赏性很强，表演时的技巧性也很强，主要特点是讲究配合。参与表演的人员，无论是拉绳的还是持火种的和抛松香的，都必须步调一致，起停默契，配合着锣鼓点子来展开一招一式。一旦失去了配合，就展示不出火狮壮观的威力了。在火狮表演时，其锣鼓点子也非常讲究，要随着道具狮子的一上一下时紧时松，时轻时重。松香抛洒也有讲究，先是少量，让场地起微火，引诱狮子火中抢球。待狮子抢到球时，须大把抛洒松香，使火焰照亮场地形成一片火海，造成壮观的气势。一句话，"博陆火狮"是一个讲究配合的集体项目。

博陆火狮出现于清嘉庆年间，距今已有200多年的历史，相传狮子是汉武帝派张骞出使西域后，和孔雀等一同带回国的贡品，而舞狮技艺却是引自甘肃西京"假面戏"。舞狮引入中原后，渐渐分成"南狮"和"北狮"两大派。北狮即魏武帝钦定的北魏"瑞狮"小狮一人舞，大狮双人舞，舞狮者全身披着狮皮，人身和狮身相同毛色的绿色毛裤和金爪蹄靴，以古代武士装扮，手握旋转绣球，配以锣鼓逗引瑞狮。

博陆火狮属于南狮舞，一般在大庆大典时节出现助兴，博陆火狮有乐有舞，欢蹦直跳，象征着村民吉祥之物，喜庆丰收之礼，健身强体之宝，娱乐欢庆之器。

杭缎织造技艺

"杭缎织造技艺"也是一项运河街道所拥有的市级非遗项目。

织土布　　　　　　　　　　　　　　　　　摄影　褚良明

　　杭缎是丝绸中的一个品种，它的质地较厚，是一面平滑有光泽的丝织品，缎面纹理清晰，古色古香，是杭州丝绸中的一个重要品种。

　　杭缎织造技艺，是指通过经纱线或纬纱线按照规律要求沉浮在真丝面料表面或通过交织错落变化，形成花纹或图案的一项生产性技艺。通过提花，还可在缎面织出各种丰富多采的图案，使织成的织物更显美感。在丝绸界，历来就有着"苏丝杭缎"之说。

　　杭缎的历史较为悠久，早在南宋时期，杭州就成为全国丝绸的生产和贸易中心，并逐渐形成国内"丝绸之府"的地位。在那时候，"缎"就已经成为众多丝织品中的一项重要品种。到了明清时期，"缎"的纹样花型、产品质量和风格在继承前代的基础上，又有了新的很大的发展，"杭缎"开始成为单独品种并有了自己的名字。该时的杭缎，主要由位于杭州城东的东园巷的机坊生产。太平天国后，由于社会动荡，杭缎曾一度衰落。但是由于杭缎独特的品质，仍然维持着少量的生产。新中国成立后，在人民政府的重视下，丝绸产品一度成为杭州的支柱产业，以杭丝联为代表的丝绸企业，大量生产杭缎，使杭缎知名度大为提高。20世纪90年代后，由于杭州市经济转型，杭丝联破产，该技艺主要保存在余杭一带。目前，位于余杭区运河街道的杭州费庄华发织造厂是国内最大的杭缎织造企业。

　　杭缎织造技艺的工艺流程有：原料挑拣、浸渍、晾干、翻丝、并丝、整经、加捻、穿综、穿筘、倒筒、摇纤、织造、精练、印染等工序。经过上述工序织造出来的杭缎凹凸有致，质地柔软、具有细腻、爽滑的独特质感，光泽度好，大多织有图案花样。

　　杭缎织造具有流程长、工艺复杂、较难掌握的特点。一般初步学会织缎流程半年即可，但要熟练掌握整个织造则需要5~6年时间。由于对原料要求相当高，需采用杭州本地的桑蚕丝也是其特点之一。

　　杭缎织造技艺具有较高的价值。首先表现在历史价值，杭缎作为杭州最具地方特色的纺织品，在杭州乃至中国的纺织历史上起到了不可替代的作用。其次表现在经济价值，可以进行生产性保护。第三具有研究价值，可通过技艺的变化研究相应的历史变迁、制度更替、习俗演变、阶级分层等。

博陆敲鼓亭

"敲鼓亭"，是流传在余杭一带的江南民间音乐。它最初是因在亭内置鼓并在亭内敲鼓而得名，后成为一种民间音乐表演形式的代名词。"敲鼓亭"，它集打击乐器和丝弦乐器为一身，并由打击乐来指挥丝弦乐，其形式欢快热烈，演奏时十分热闹，在旧时的庙会中十分流行。余杭一带的"敲鼓亭"，相传起源于清嘉庆年间，距今约有二百余年历史。它原本是一种道教音乐，由道士在作法事时演奏，后逐步流传到民间，广泛出现在一些大型的庙会上。"敲鼓亭"在余杭运河街道的博陆、塘栖镇的丁河以及径山镇一带都有流传，尤以运河街道的"博陆敲鼓亭"最为出名。

敲鼓亭　　　　　　　　　　　　　　　　街道文体中心　提供

"敲鼓亭"是有个"亭子"的，这个"亭子"是可以移动的，它由木头或竹子做成，外形似古代的楼台亭阁，亭高一般5尺左右，四面对称，下面无底板，亭前有五彩丝绸的绣帷，亭顶是精心雕刻的飞檐翘角。考究点的亭子，那几根一米左右高的亭柱上，各盘有一条木雕金龙。亭子四周还有着精雕细刻的戏剧人物图案。亭内置一面大鼓，供鼓板手击鼓指挥乐队，亭子的四角还挂有大红灯笼，为装饰和演出照明之用。演出时，由四人抬着亭子出行，鼓手跟着亭子的前行击鼓指挥乐队。亭子后面紧跟着20位乐队人员，一人一件乐器，分别为打击乐和丝弦乐，跟在亭子的后面，随着鼓点的指挥而奏乐，吹吹打打，热闹无比。

"敲鼓亭"的音乐，为打击乐和丝弦乐的汇合。在鼓手指挥下，锣敲鼓打，笙吹琴拉，有条不紊，乐声悠扬。"敲鼓亭"乐队合奏的主要曲调有两种，一种为"花八板"，另一种为"慢八板"。在演奏时，"花八板"和"慢八板"交替演奏，一前一后，互相更换。"花八板"节奏轻快、动听悦耳；"慢八板"缓慢和谐、委婉曲折。两种旋律，将江南民间音乐的特色竞相展现，令人爽心悦目，百听不厌。

"敲鼓亭"因其欢快热闹的特色，故一直深受民众喜欢，几百年来一直在余杭民间流传。其"花八板"的音乐经民间艺术家整理，新中国成立后还曾参加过省、市的文艺调演。在1990年出版的《余杭县志》上，也有着对"敲鼓亭"的相关记载。

红烧羊肉传统烹饪技艺

"红烧羊肉传统烹饪技艺"是运河街道所拥有的一项区级非遗项目。

烧制"红烧羊肉"，运河街道一带各地都有高手，尤以五杭周家埭厨师最为出名，周氏红烧羊肉至今已传承六代。

"红烧羊肉"的烹制过程大致如下：

取生鲜湖羊肉若干斤，放在二尺四寸的大铁锅中加冷水烧，铁锅架

红烧羊肉　　　　　　　　　　　　　　　　街道文体中心　提供

在土灶上，用硬柴作燃料。现在厨具日益翻新，燃料也从"柴"到"煤"又到"气"，但这羊肉很奇特，必须要用传统的土灶、铁锅和硬柴，烧出来才好吃。水烧滚后要撇沫，用勺捞去上面的浮沫，把浮沫撇得越干净越好。浮沫撇好后，用勺子淘一淘，如果有浮沫就再撇。浮沫撇净后，开始放入佐料黄酒、老姜、酱油、白糖、花椒，花椒必须用纱布包扎好。再烧时不能加盖了，火力也要文一点，等烧制到羊肉块色红、无棱角时，汤头起浓，羊肉块红得亮晶晶，颜色红菲菲，味道鲜滋滋，即可一碗一碗地盛起来，再加一把大蒜叶，香喷喷的红烧羊肉即可上桌了。一般每碗熟羊肉需生鲜肉 2.5 斤左右。

"红烧羊肉传统烹制技艺"于 2019 年被列入余杭区非物质文化遗产代表性名录。

米塑习俗

"米塑习俗"是运河街道所拥有的一项区级非遗项目。

米塑，又称"粉塑"，系用米磨成粉，蒸熟后用手工捏成各种各样形状的一种米塑品。这些米塑，从工艺和特色讲，有点类似于北方的"面塑"，都是一种独特的民间工艺。米塑，是运河街道乡间的一种特有的民俗工艺，流传也较为广泛，几乎各乡各村都有一些年岁稍大的中老年妇女会制作米塑。

米塑习俗是伴随着民俗活动所产生的，与民俗信仰息息相关。这里的乡民平时是不做米塑的，要做米塑制品，则大都与民俗活动有关，也就是说米塑是民俗活动中的产物。比如：家中有老人要做寿了，这时子女们就要做些米塑的寿桃来庆贺；家中造新房子要上梁了，那必定要做上一些上梁元宝来讨彩头；讨新娘子定亲时要做定亲饭圆来赠送亲友；立夏节时要做立夏狗给小孩吃；拜蚕神时则要做一些龙蚕、丝束、元宝

米塑　　　　　　　　　　　　　　　　　　街道文体中心　提供

等物来供奉蚕花娘娘。

这一带的米塑习俗由来已久了，早在明清时代就颇为盛行。人们在做米塑供品时，充分发挥了自己的聪明才智，用米粉做成"藕"，称为"路路通"，还会做成财神菩萨、童男童女、蚕、茧、龙、凤等。这些米塑品展现了人们对美好生活的向往，展现了这一带人独特的手艺。

如今，不少民间工艺已逐步淡出人们的视线，在不经意间离我们远去。但运河街道的米塑习俗却还在流行。米塑的制作工艺并不复杂，大致有以下一些流程：先将米磨成粉，再将米粉蒸熟，揉成米粉团，然后再通过揉捏、掐刻等手法，制成各种各样的米塑制品。这一带米塑的形状都比较小，最大的也不过几十厘米，由于用蒸熟的米粉制成，防蛀防裂和保存的难度极大。

湖津荡徐氏中医内科

"湖津荡徐氏中医内科"是运河街道拥有的一项区级非遗项目。

湖津荡徐氏中医的起源，始于清道光年间的徐阿大。他在亭趾湖津荡村悬壶行医，精通中医内科，并逐步形了徐氏中医的特色，奠定了徐氏中医的基础。

徐阿大传子徐子谅。徐子谅学成后，于清光绪三十年左右正式悬壶于亭趾湖津荡，在父亲传承的医学基础上，刻苦钻研医理，行医五十余年，在内科和儿科上颇有心得，尤以善治温热病而著名，成了徐氏中医内科的第二代传人。

湖津荡徐氏中医的第三代传人中的代表性人物是徐子谅之子徐聿德。徐聿德1911年出生，14岁习医，系徐氏第三代弟子中的佼佼者。徐聿德行医，临证胆大心细，选方恰当，自出机杼。他尊《内经》《金匮》《临证指南医案》等书，奉"温病四大家"之法度，但师古并不泥古。徐聿德临证四十余年，擅长时疫、温热病症之诊治。他对温病"三宝"的使用，举重若轻，将祖传的"湖津荡徐氏中医"发扬光大。

目前，"湖津荡徐氏中医"已传至第四代，第四代传人中，有徐本浓、徐本治、徐尚克、王尚熊、张楚雄、王炬永、郑少丽、邹云龙等人。其中，徐本浓和徐本治是"湖津荡徐氏中医内科"这项非遗项目的代表性传承人。

亭趾月饼

"亭趾月饼"是运河街道所拥有的一项区级非遗项目。

月饼是伴随着祭月文化而产生的。中秋祭月，在我国流传已久，是一种古老的传统习俗。月饼，就是伴随着中秋拜月所产生，成了祭月神的供品。同时，也是中秋节前后的一种时令食品。"月饼"一词，最早出现于南宋吴自牧的《梦粱录》中，但那时仅是一种点心食品。到后来人们逐渐把赏月与月饼结合在一起，寓意家人团圆，寄托思念。同时，月饼也是中秋时节亲戚朋友间用来联络感情的重要礼物。北宋著名文人苏

立夏饼   街道文体中心　提供

东坡留有"小饼如嚼月，中有酥和饴"的诗句，为月饼这个名称以及月饼做法提供了诗意的见证。从宋朝到现在，经过800多年的发展，正如俗话所说"八月十五月正圆，中秋月饼香又甜"，赏月和吃月饼已成为过中秋节的必备习俗。

月饼，经过近千年的发展，因其在原料上、调制方法上以及形状上的不同，使月饼形成了京式、苏式、广式等几大种类。在我们江浙沪一带，旧时以苏式月饼为主，广式也有，但相对较少。运河街道所产的亭趾月饼，就是苏式月饼中的佼佼者。

亭趾月饼的制作以苏式月饼为主，其技艺由师传徒，一代代传承了下来。所制作的月饼坚持传统手法，精工细作，在周边素有盛名。亭趾月饼的主要品种有火腿、百果、椒盐、细沙几种，其中尤以百果月饼最为普及。

亭趾月饼的制作技艺保留着传统的手法，其工序为糊皮子、做酥、做月饼皮子、馅料的制作、入炉烧烤、冷却、包装等过程。

亭趾月饼的烘烤，至今还是采用土灶。土灶由于温度高，烤出来的月饼与烘箱里烤出来的口味完全不一样。消费者尝试过亭趾月饼后，都说尝到了小时候的味道。

月饼实际上在旧时亭趾、博陆、五杭的各个南货店及其糕饼作坊里一直是主要品种。民国期间，亭趾姚家的姚裕源南货店所制作的月饼等糕点最为有名。20世纪50年代后，其糕饼制作技艺由亭趾供销食品厂独家传承。至80年代后，亭趾出现了多家食品厂生产月饼等糕点，但其中还是以亭趾供销食品厂生产的月饼等糕点最为著名。

后　记

　　我们两人，都是 20 世纪 50 年代出生的，都是已经退休的人了。写这本书，一方面算是"退而不休"，另一方面，也算是为桑梓贡献点"余热"吧。

　　我们两人，一个是土生土长的运河街道人，几十年来一直没离开过家乡，对这方水土有着较深的感情。另一个长期生活在运河街道隔壁的塘栖镇上，对运河街道自然也不陌生，可以说，对这一带的风土人情还是有所了解的。

　　我们两人，都是原余杭区民间文艺家协会的首批会员，自 20 世纪 80 年代开始，一直在从事民间文学工作，收集和整理相关民间文学的素材，几十年来，都积累了大量的相关资料。

　　自接手编著《运河街道风情》后，我们两人不时相聚在一起喝茶，互相探讨着对这个地方民俗风情的理解，互相交流着各自所收集的有关这个地方民俗风情的资料。要合著一本书，首先是要达成共识。我俩通过一次次的商讨，终于在 2020 年年底确定了本书的写作范围，从乡间语言、缫丝制绵、打绵线、摇纱织布磨豆腐、饮食文化、传统中医、木船制作、乡间谚语和非遗文化这 9 个方面着手，来介绍运河街道和风情。虽然说一个地方的风情，还会牵涉着其他诸多的方面，但从这 9 个方面着手，基本上已经可以反映出一个地方的基本风情了。这个写作范围确定后，我俩便作了分工，随后各自开始去敲打键盘了。

　　经过 2021 年整整一年时间的努力，我俩分别完成了各自的创作任务，这本书终于呈现在大家的面前。当着手写这个后记时，我俩不由长长地舒了一口气，因为终于完成任务了呀，有着一种不可名状的喜悦。

在本书的编著过程中，我们得到了宋佐民先生的大力相助。宋佐民，是运河街道的"老土地"，年龄上又是我俩的兄长，他通读了这部书稿，并在多处作了修正。在此，谨向宋佐民先生表示衷心的感谢！我们还得到了运河街道五杭籍农民画家尤源海先生的帮助，他提供了创作的风俗、风情画作。在此，一并表示感谢！

我俩都很清楚，由于才疏学浅，本书的缺点和错误是在所难免，在此，欢迎读者批评指正。

丰国需、胡繁甫

2022 年 1 月 11 日